童年的自变量

一位小学教师的育人手记

庞科军 著

ZHEJIANG UNIVERSITY PRESS
浙江大学出版社

· 杭州 ·

推荐序：小学教师的专业成长之路

十多年前我就认识作者庞科军，那时他在杭州市天长小学这所全国知名的学校担任副校长，分管教科研工作。这项工作为其专业成长提供了深厚的科研文化土壤，他在学校的浓厚科研氛围中不断地受到洗礼。1983年天长小学开展的"小学生最优发展综合实验"成果曾获首届全国教育科学研究优秀成果奖一等奖，被新华社誉为全国"四大模式"之一。2018年，天长小学的《一个模子不适合所有学生——小学差异教学的实践研究》获得基础教育国家级教学成果奖一等奖，这样的国家级科研成果本身就为他的专业成长的高起点奠定了基础。现在，看到他将自己20多年来的育人故事，结合自己多年来的所读所思，撰写了《童年的自变量：一位小学教师的育人手记》（以下简称《童年的自变量》）一书，自是顺理成章、水到渠成之事。现在他来邀我作序，我自欣然应诺。

近十年来，教师专业发展一直是我重点关注的学术领域之一，看到这样一位日常忙于学校管理工作的老师，还能如此静心地阅读教育著作，扎根一线做研究，二十多年如一日，我觉得很不容易。这也给我们小学老师的专业成长常态化之路提供了启示，因此我很愿意结合我的研究，谈一谈自己的一些想法。

一

我曾经指出：做好专业的教师需要三个维度，第一个维度是教会学生学习，第二个维度是育人，第三个维度是服务。"人"是教育出来的，尽管离不开一定的生理、遗传、环境等基础。育人是教师必不可少的功能。当然，这里的"人"是一个"完整的人"，完整性表现在，有着"认知和情感""道德—公民性""个性、社会性和人格""健康和安全"及"艺术和审美"等发展要素，当然还有大脑发育和身体发展。教师专业的育人性要体现完整性。同时，育人又与教会学生学习紧密联系在一起。

庞科军老师在书中印证了这些观点。他在儿童成长方面具有深厚的经验积淀，从而在育人的时候，"工具箱"中有了更多的工具。在面对学生遇到的具体问题的时候，老师的工具越多，解决问题的可能性越大。当然，就服务来讲，广义上，教师是要提供专业服务的，教师的专业服务有赖于教师的专业知识和能力。在育人这一维度，教师的专业发展具有时间性，但时间性并不等于发展性，正如有经历并不等于有经验一样。教师必须有经历+反思机制的沉淀，才能收获育人经验。庞老师在书中的案例主要是经验呈现，而阐述部分具有了学理上的反思，这也使这本书具有了对其他老师和父母的启迪作用。

二

国家在教师队伍建设的未来发展方面，明确提出"高素质、专业化和创新型教师"的目标。高素质和专业化我们讨论得比较多，就创新型教师而言，我也曾提出教师自身建设需要关注五个方面：

教师对教育一定要具有丰富的想象力和好奇心。没有这些，就不可能有创造力、创新性。本书中的很多教育案例，也来源于庞科军老师在日常教育中的好奇心，总是想问为什么，总是想怎么解决会更好。

教师要具有教育创新思维和创新行动。创新的结果是另外一回事，但是首先教师要有创新思维和创新行动。一线教师具备的优势是可以很快将创新思维付诸行动，在行动中证实自己的思考。

教师要具备对教育实践的"元反思"能力。平常我们说教师一定要有反思精神，但是创新型教师要能够"元反思"——仅仅反思还不够，还要通过教师专业发展机制中的"证据+数据"机制来提高反思能力。

教师要具备较强的问题解决能力。一个教师要能发现问题、解决问题。这里的解决问题是人的高级认知能力的表现，一名创新型教师一定要有这个素质。

教师要能形成教育教学特色，能通过研究来表现自己在教育教学思想方面的独特个性。形成自己独特的教学思想，仅仅靠反思和经验积累是做不到的，它需要教师进行深入的研究。[①]

<h2 style="text-align:center">三</h2>

学校是教师专业发展的重要文化环境，学校文化直接决定了教师专业发展的路径。文化社会学、文化人类学的相关研究表明，人在一定程度上是由文化塑造的，这是人区别于动物的一个根本标志，但人在社会化过程中由于发展的环境、学习的路径、专业选择的路径等的不同，形成了不同的发展路径。教师的专业发展显然受到学校文化的塑造——尽管因为流动的因素可能会受到不同学校文化的塑造。学校文化通常体现在物质文化、精神文化、制度文化和行为文化方面，它们也共同构成教师专业发展的文化环境。

天长小学的研究文化氛围是很浓厚的，这所学校还有一位在北京师范大学获得教育学博士学位的校长楼朝辉，在他的引领下，全校的所有老师都参与了不同课题组的研究。学校还着力培养了一大批教育专业博士、硕士。这使天长小学研究文化的师资力量强劲，研究文化甚至成为天长小学的物质文化、精神文化、制度文化和行为文化的综合黏合剂，它产生的化学反应，使学校的教学水平提升到了前所未有的高度。作为在天长小学长期分管科研的老师，庞科军显然是一位身体力行者，这本《童年的自变量》，也是学校提倡"教育观察""教育叙事"下的成果，他

---

① 朱旭东."高素质、专业化和创新型"教师内涵建构 [J]. 中国教师，2017（06）.

前些年还出版了《小学教师科研指南》《差异教学的思考与实践》，也很受老师们欢迎。

钱塘自古繁华，杭州的教育一直走在全国的前列。作为一名教育研究者，自从结缘天长小学以后，我每年都要去杭州，每次都会去天长小学，看到很多老师的专业成长很迅速，我也感到很高兴。教育的高质量发展，最重要的是拥有高素质的老师群体。庞老师已经有了一定的研究基础，我祝愿他在后续的实践中，有更为高远的目标，有更多的成果奉献给教育！

是为序。

朱旭东（北京师范大学教育学部部长、教授、博士生导师，
中国教育政策研究院院长，教育部普通高校人文社会科学重点
研究基地北京师范大学教师教育研究中心主任）
于北京师范大学英东楼

自序：看见童年

　　木心在《从前慢》中说，"从前的日色变得慢/车，马，邮件都慢/一生只够爱一个人"[1]。但我们正处于一个高速发展的社会：高铁越来越快，信息越来越多，城市越来越大，孩子越来越忙，教育越来越"内卷"……但孩子的成长，在很多时候依旧是需要"慢"的。

　　2012年，天长小学"六一"汇演在浙江省人民大会堂举行，趁着活动间隙，我坐在角落里准备休息一下，这个时候走过来一位服务主管，端着水杯，恭敬地递给我。我正在疑惑怎么就我一个人受到这个"待遇"时，我的一位1997届的学生走了过来，原来这位服务主管是他夫人。他听说学校在搞活动，虽然也知道我已经调任，但还是特意过来看看——这位学生就是CL啊，那时候我刚工作不久，经常利用自己的双休日时间和他们一起做纸飞

---

[1] 木心 . 云雀叫了一整天 [M]. 桂林：广西师范大学出版社，2009：74-75.

机，一起外出去玩，当时CL还是个活跃分子。20年后，当年的学生已经为人夫，为人父，早已不是当年的样子，但他用一杯水，告诉我师生的情谊和当年教育的力量。

2017年5月的一天，学校保安说有人给我送了一束花，我大吃一惊：如果有人送给我一本书，我并不会觉得奇怪，但有人送花，那是大姑娘上花轿——头一回啊。我理所当然地认为这是个玩笑，因为有时候我也和保安开开玩笑。但保安坚持让我去签收，我就纳闷了。走到门口的时候，果然有个快递小哥在，问了我的姓名，将一束鲜花送到我手上，我虽然有点恍惚，但终究确认了这个现实。莫名其妙签收后，我的当务之急就是看看这到底是怎么回事，终于在夹在花中间的一个小卡片上看到了一封信（信文见附录2），原来是我第一届的学生SWQ啊，这个孩子我是记得的。在信中她再三感谢我当时让她做语文课代表，让她感受到自己的力量和学习的乐趣——现在的她已经移民德国，也在思考对孩子的教育方式。我其实已经不太记得是否做过这个事情，也不太记得当时我做出这个决定是什么缘由，没想到多年后，教育的力量依旧在延续，当年的孩子，现在正在教育孩子，现在的老师，才"看见"当年教育的力量。

我的"得意门生"YY现在在苏黎世理工学院（没错，就是那所爱因斯坦的母校）学习。有一次她来学校，我请她和学弟学妹交流下，结果有"好事者"问她对老师的最深印象——其实我倒是也很想听听。她说，庞老师有两个地方和其他的老师不同。第一个是淡定。有一次她不小心把我的水杯碰到了地上，我一句话都没说，捡起来擦了一下就开始喝水。这件事情我已经忘了，但学生之所以记得，一定是当时她被吓了一跳，已经做好被"教育"的准备，后来却没被"教育"——教育，不一定是在教育后发生的，没有教育，也是一种教育。我现在想，这也许是提醒我们老师，情绪一定要稳定，尤其是在面对稚嫩的孩子的时候，即使这个孩子很优秀，面对老师时也依然会紧张。第二个是庞老师不认为有什么问题不能讨论。我不知道她是怎么得出这个结论的，可能是我对学生的问题总是持积极肯定和信任、包容的态度，因为我在讲语文学习的时候多以一种开放的形式进行。

我做老师将近30年了，大约15年前，我确实感受到了是学生成就了老师，是学生不断在提醒我应该怎么做教育，以至于我现在判断一个老师是否成熟时，有一个很简单的标准，你是认为自己在"教"学生，还是觉得自己也是一个"学生"？

学生是很难被看见的，或者说，我们在校园中，在课堂中，在作业本上，看到的只是学生的很小的一部分，而往往我们看不见的那些东西，却决定了孩子的发展。

教育无他，只有爱和做孩子的榜样。只是，教育的延后性和复杂性，让我们忽略了或者不关注这些"看不见"的东西，教育的"功利性"和所谓的"效率"，让我们已经顾不上看这些"看不见"的东西，甚至像泰戈尔所说的："我们看错了世界，却说世界欺骗了我们。"①

---

① 泰戈尔.新月集：泰戈尔写给孩子的诗 [M]. 徐翰林，译.哈尔滨：黑龙江美术出版社，2018：2.

　　学生身上的一些地方，要很多年以后，才会慢慢被看见，这很考验老师的定力和家长的定力——尤其是在这个恨不得下单几分钟以后快递已经在门口的时代。我们需要提醒自己，教育看不见的那一部分，可能是更加有力量的部分。于是，我和自己说，作为一名教育工作者，我们要看见能看见的地方，也要努力发现"看不见"的地方。我这样想，也这样做。这十多年中，我不断观察，不断思考，不断记录，我觉得自己看见了一些，但还有更多的没有看见，但我和自己说：先写出来吧！教育本身就是遗憾的艺术。于是，就有了这本书。

　　看见孩子，是需要长期积累的。教育本身就是长期积累的过程，尤其从育人的角度看更是如此（如果仅仅是学习知识点的话，小学阶段的知识是可以在短期内掌握的）。读懂孩子是教师的基本功，从无数的案例和广泛的阅读中，我们能够选择和判断哪些因素是重要的，从而能够系统、长期地影响孩子，这是孩子成长的关键。现在很多急功近利的"技巧""招法"，不能说没有一点道理，但真正的人的成长，显然不能长期靠这些。

　　看见孩子，是需要很多不同的方法的。孩子成长中的很多问题，究其根本原因，是老师或家长的教育专业性不够。我们不但会"误诊"孩子，而且还会"漏诊"孩子。因为我们缺少"化验"、缺少"CT"、缺少"会诊"……一定会有人对我这些说法不以为然。老师认为：我做了这么多年老师，还能不清楚孩子的特点？家长说：自己的孩子我还能不了解吗？这本身就是一种封闭和排斥的思维，不应该是老师和家长应有的思维方式。老师和家长是这个社会最需要包容和开放心态的人群，因为我们面对的孩子是非常复杂的个体，而且还在持续地动态成长中。

看见孩子，是需要不断反刍的。很多事件，从这个侧面看是很美好的，换一个侧面看就未必美好，反之亦然。我在中国工程院原副院长潘家铮先生的回忆录中读到了这么一个故事："校门口有个老伯伯，摆了个食品摊。那个时候我们用的是铜板。一块钱可以换300个铜板，一个铜板可以买一个小饼吃。摊上最贵的大概是芒果干。芒果干要12个铜板才能买一块，但是可以吃很长时间，而且把嘴唇吃得很红。那个时候我不知道这个芒果干是怎么做出来的，而且还把它读成'蒙古干'。我老是想不通，这个蒙古不是中国的一部分吗？那时候蒙古还没有独立，怎么变成'干'了，可以吃呢？一直想不通。"我之所以摘录潘老的话，是因为它告诉我们，即使是学校门口的老伯伯摆放的食品摊，也会引发孩子的思考。

看见孩子，是需要我们承认孩子有时候才是老师的。对于未来，孩子天然具有优势，面对孩子的"问题"，我们要警醒。我们要多思考"为什么"，而不要纠结"怎么办"。知道了"为什么"，"怎么办"自然就迎刃而解。在学校里，学生是出卷人，老师是答卷人；在家里，孩子是出卷人，家长是答卷人。我们答卷的评分，是由孩子来确定的。我们手中的"旧船票"，不一定能够登上他们的"航船"。如果我们总是让孩子给我们打高分，或者我们自己给自己打高分，事实就是我们没有给孩子提供太多的帮助或情感支持，孩子却用博大的胸怀包容了我们。

我经常听到老师说到班里孩子的各种情况，但等到我问："他在其他老师的课堂上也是这样吗？他在家里的主要交流对象是谁？"老师往往回答："我再去问问。"我也经常听到家长说自己的孩子沉迷于手机游戏，但等到我问："孩子每天是什么时候玩手机的？有没有规律？"家长往往也说："我再去观察下。"

如果我们只"看见"我们能"看见"的孩子，就匆忙地做出判断，甚至就匆忙地下定论，这对孩子并不公平，更不科学。

如果我们"看见"了我们原本"看不见"的孩子，我们就会更加科学地认识孩子。我们的孩子，因为被"看见"，会更加充满活力、更加自由地探究周边的世界，会更加自主地生长！我们这个世界，就会变得更加美好！

杜威认为教育即生长，"未成熟状态就是指一种积极的势力或能力——向前生长的力量"[1]。对于儿童，我们要看到他们的现在，更要看到他们的未来。

我们要看见童年，儿童就是成长的最大自变量！

---

① 杜威. 民主主义与教育 [M]. 王承绪，译. 北京：人民教育出版社，2001：50.

目录

第 *1* 章

童年是一首诗：可能没看见的"冰山"

第2章

孩子眼中的世界：教育的起点

第 **3** 章

发现孩子有方法

第4章

教育要走在孩子前面

第 **5** 章

走向远方：用科学的方式教育

第 **6** 章

孩子需要的不仅仅是陪伴

第 **7** 章

教育总会遇到特殊

第 8 章

育人思维很重要

1+2=3

第 **1** 章

童年是一首诗：
可能没看见的"冰山"

孩子是由一百组成的 / 孩子有一百种语言 / 一百双手，一百个念头 / 一百种思考方式 / 游戏方式及说话方式 / 还有一百种聆听的方式 / 惊讶和爱慕的方式 / 一百种欢乐，去歌唱去理解 / 一百个世界，去探索去发现 / 一百个世界，去发明 / 一百个世界，去梦想。

——［意大利］马拉古奇

即使是面对孩子最日常的语言，我们也需要细细琢磨，因为孩子的语言未发展完善，语言表达有自己的独特性。我们一不注意，或者以成人的基本逻辑倾听，就有可能漏掉孩子想表达的核心要素，我们所做出的判断就可能与事实"南辕北辙"。

爱因斯坦曾说过，如果给他1小时解答1道决定生死的问题，他会花55分钟弄清楚这道题到底在问什么，一旦弄清楚它到底在问什么，剩下的5分钟就足够回答这个问题。面对孩子问题的时候，我们需要先思考孩子到底想表达什么，他在思考什么，他的需求是什么。因为孩子的词汇量比较少，思维结构比较简单，容易受到即时性的影响，对语言的多义等比较难以理解，所以，捕捉和发现孩子真正的需求，是我们每个教师需要具备的能力，这种发现既包括学习上的，也包括日常生活中的。很多家长在孩子长大后和孩子在沟通上存在一些问题，往往是在孩子小的时候没有和他建立良好的沟通方式，导致孩子失去沟通的需求。

"当下的教育在不知不觉中，小心翼翼地为自己画了一个圈、筑了一道墙，这个圈、这堵墙就是学生的'现实性'。教育只关注学生的现实性，始终没有勇气探出头来。"[①]教育部基础教

---

① 成尚荣. 从关注学生现实性走向开发可能性 [J]. 人民教育，2010（04）.

育课程改革专家成尚荣认为，要跳出学生"现实性"的围墙，探寻学生更多的可能性，才能收获墙外更美的风景。

第一节　孩子没说的话

在一所小学里，一位老师在教室里放了一个告状盒，孩子要告状时不能口头告诉老师，而是要把时间、地点、人物、发生了什么写在纸条上，然后放进告状盒。在固定的时间，老师会把纸条取出来，然后让告状的孩子自己把纸条上的内容念出来。然而，大部分情况是，等到念告状条的时候，孩子们大都已经忘记告状的事情了。

在言语表达上，有关材料表明，6岁儿童常用的句子的长度多在6字～15字，所掌握的复句已占总句数的36.3%。在口语表达上，他们正处于由情境性言语向连贯性言语过渡的时期。而更低龄的儿童在讲述时常出现一些情节跳跃的言语，听者只能通过对情境的体会去了解其所讲的内容。如果听者听不懂儿童的表述，则常常会引起儿童的困惑或反感。随着言语的发展，具有连贯性的言语才逐渐取得支配地位。

在小学阶段，儿童的口头词汇主要是通过对书面语言的逐步掌握而丰富和深刻起来的。小学语文课本中的词汇基本上属于日常词汇，儿童通过对课文的学习，将大量的词汇扩充到自己的口头词汇中。他们不仅扩大了表示具体意义的词的范围，而且掌握了一批表示抽象意义的词。由于字词解释和用词造句是小学语文教学的重点，因而儿童对同一词语意义的理解不断精确和深刻，原先的消极词汇（次要词汇）逐步转化为积极词汇（主要词汇）。

初入学的儿童在口头表达上是以对话为主的。在语文课上老师经常要求学生能够独自完整地、连贯地来表述问题，例如复述课文、回答提问等，这一客观要求的重大变化，促使儿童由原先的对话言语逐渐发展为独白言语。这就需要儿童既要考虑所要表达的思想内容，又要考虑用怎样的言语来进行表达，这对儿童的口头言语、内部言语和思维提出了较高要求。

内部言语是无声思维的载体。儿童的思维是由直观行动思维发展到形象思维和抽象思维，与其内部言语的发展直接相关。儿童在入学前萌芽出内部言语，但发展还不够。进入小学以后，学习上的要求需要他们养成独立思考、先想后说、先想后写和先想后做的习惯，这就促使他们的内部言语逐步发展起来。初入学的儿童还不善于思考，常常会出现出声思维的情况。例如老师提问后，他们总是不假思索地仓促作答，回答的过程也就是思考的过程，声音一旦中断，思维也就中止了。要经过老师的不断要求和提醒，他们才会逐步由出声思维过渡到短时间的无声思维。

一、二年级的孩子中，有一些是用手指指着字，边挪动手指，边读下去，这是孩子在协调眼球、嘴巴等共同完成任务，也算具身思维吧！即用身体动作影响思维，因为身体本身也具备思维的功能。到三年级以后，尤其是作文要求的提高，要求孩子必须经过较长时间的思考才能动手去写，这就使他们的内部言语日益复杂起来。但整个小学阶段孩子的内部言语还是不完善的，仍有待于中学阶段的继续发展。

话里有话：校长你能帮我系鞋带吗？

小孩子天然喜欢把自己的东西向别人"炫耀"，这也是孩子活泼天性的具体表现。但每个孩子的"炫耀"方式又会有一些不同，有的是很大方地与别人分享，这类孩子往往生活在平等、宽容的家庭，孩子的自信心很强，安全感比较足；也有的孩子由于家庭的一些原因（部分是单亲家庭，或者父母教育相对比较强势），自我安全感不足，出自本能的保护意识，孩子的表达会含蓄一点，需要听到的人好好琢磨。我们总以为孩子是很单纯的，但在语言这一方面，其实孩子也会用自己的表达方式来进行试探，看看你能否接收到"信息"。我们都听过这样一个故事：一个士兵在退役准备回家前，给妈妈打电话说，自己身边有一个朋友在战争中被打断了两条腿，但他没家人，也没其他朋友，他想带这位断腿的朋友回家住一段时间，问他妈妈有没有意见。她妈妈说那样会给他们一家人带来负担，拒绝他带这位朋友回来。后来这位士兵自杀了，因为他就是那个断了两条腿的人。他妈妈知道真相后非常伤心，但已经晚了。这个士兵，显然也是在语言上进行试探，可惜妈妈没有接收到信息。

【例1-1】你能帮我系鞋带吗？[①]

一天，我正在办公室看书，从外面跑进来了小H（一个胖胖的孩子，喜欢奥特曼，算是比较调皮，所以我很早就认识他），他朝我看了两眼，我看他有事情的样子，赶紧放下手中正在看的书，面朝他，于是有了下面的对话。

小H："庞校长，你现在有空吗？"

我："有的，小H你有什么事情？"

小H："我的鞋带散了，你能帮我系一下吗？"

我："稍微等一下。"

我赶紧离开座位走过去，蹲下来。小H抬着一条腿，鞋带果然散了，我帮他把鞋带系好，刚想告诉他鞋带怎么系，这样下次就不用找人帮忙了。但我很快就发现这是一双新鞋，而且突然间就明白他为什么舍近就远，不请同学也不请老师帮忙，跑到我的办公室求助（我的办公室和他的教室在不同的楼中）。我想了想，稍微停顿一下，又和他有了下面的对话：

我："哦，你这双新鞋很漂亮啊！"

小H："是我奶奶买的。"

这个时候我看到他露出一种发自内心的微笑，我终于明白了

---

① 本书中案例如无特别注明，均为作者撰写，涉及的教师和学生一般以字母表示。

他的意思。

我："很好，很适合你，学习要好好的啊，为奶奶争光。"

小H："好的。"说完他蹦蹦跳跳地出去了。

我前面想明白的是：让我发现新鞋恐怕才是他来找我的原因。因为从学生成长背景来看，他的爸爸妈妈离婚以后都组建了各自的家庭，对孩子基本不管了，所以，奶奶的爱对他来说是非常重要的，或者说，爱对他来说是稀缺的，所以，奶奶给他买新鞋他特别高兴（儿童往往以得到的物品来判断"爱"，很多孩子在超市或商场里要父母买这买那，我的建议是一般情况下都买来，让孩子感受到父母的爱。暂时不要和孩子分析要不要买，后期在合适的时机可以分析），而且想让别人知道。所幸的是，我发现了他的愿望。

我现在认为我当时的判断是对的另外一个原因是，后来有一次，小H又有了一双新鞋，在校门口的时候，他就朝我说："今天，我穿新鞋！"我照例赞美他几句。他没有再让我帮他系鞋带，以后几年中都没有。

不知所云：孩子上台需要多少支持？

小孩子是很会找"借口"的，甚至于有些"借口"莫名其妙，这其实一方面说明他对这件事情的重视，一方面说明他对完成不了这件事的无奈。所以，面对孩子的"借口"，我们最需要做的就是先接受孩子的"借口"，看看他到底遇到了什么困难，而不是被情绪所左右，先批评他没有完成任务，或者批评那个一看就有破绽的"借口"。任何孩子，面对老师布置的任务，都是想认真完成的，这是我做老师的切实体会。有人会说，孩子已经"撒谎成瘾"了，怎么办？还是要回到源头上，只是需要更长的时间。孩子在一次次不当的行为中养成了不好的习惯，从不好的习惯改正过来，需要更长的时间。

在蒙台梭利教育中，有一种叫作"静寂游戏"的教育方法：现在我们安静下来，我们变成了一块石头，我的头不动了，我的肩放平了，我的身子静下来了，我的手不动了，我的脚不动了，我像块石头。现在我点到谁的名字，就请谁拿好自己的东西到门口去排队。这就是把对学生的要求细化成不同的动作，而不是只说一句"请安静！去排队！"因为对于安静，不同孩子的理解可能迥然不同。

【例1-2】喜欢恐龙的孩子

H是M老师班里的同学，天不怕地不怕的"名气"很大，让老师很头疼。

一次我和H的班主任M老师聊天，她说H有一个爱好，就是喜欢看恐龙的书。我说，一般的孩子都喜欢看恐龙的书（这个问题我也一直没有想明白，是因为我们人类对恐龙有特别的情感吗？怎么几乎所有孩子不分男女小时候都喜欢恐龙）。后来我和M老师商量，可不可以给H一次在同学面前讲恐龙方面知识的机会。都说孩子是等待被点燃的火把，但做老师的时间长了，确实发现点燃火把不是一件简单的事情，关键是我们缺少点燃的火种。这次，我们显然是想把"恐龙"当作火把，H不是很喜欢吗？那就试试看。

M老师很用心，在国庆节前布置了国庆节后H给班上同学讲恐龙的安排。当时她和H说这个事情的时候，H非常高兴地答应了。这个自然是意料中的事情，小孩子一般都是很高兴接受老师布置的任务的。

10月8日早上，学生回校上课，我照例在门口欢迎，小H同学看到我就说："我今天不想上台讲！"开始我一下子没反应过来，M老师不是说他很高兴地接受了吗？但我很快就明白了他的意思，他父亲开公交车，工作很忙，更多是爷爷奶奶照顾他，估计帮不上什么忙——譬如做PPT。

我说："你是不是需要一点时间准备？"

他说："对，我准备时间不够！"

我说："那你和M老师说明一下。"

他就走了。

上午我给M老师留言，说怕H不会做PPT。M老师说H做了，只是不敢上台。我聊了我的看法，觉得H表面上天不怕地不怕，实际还是缺少些自信，缺少安全感。M老师很快就有了招，说是留一周的时间给他练一练。我暗暗为M老师的思考高兴，建议她别忘了记录下来整个事情。

10月9日早上，我又见到了小H，我就问他准备得怎么样了？他说带了相关的书，今天到M老师这里准备一下，脸上的神情比昨天放松多了……

找到儿童成长的关键点，确实是有契机的，但发现这个契机的，永远是儿童自己。他如果得到一些良好的体验，就会改变自己的整个学习生态，将注意力转移到自己感兴趣的事情上，而不是总惹出一点麻烦。

这也让我想到在书上看到的"后劲生"的概念，我觉得这个词还是蛮有意思的，确实，孩子的一些禀赋在我们现行的教育体系内来看，可能是后进，但后进有时候就可能是后劲。而发现孩子的后劲是很难的，主要是因为我们的教育教学，还是停留在比较宏观的指导上，没有转化成具体的方法和技能。有一段时间，教育界流行讲策略，不论遇到什么问题，都是一堆策略，对微观的方法和技能，我们觉得好像不够"高大上"，其实对于孩子来说，必须指导到具体行动上。我们不妨先来看一个故事：

富兰克林年轻的时候，是一个印刷厂的学徒，每天看到报纸印出来的时候，他就想："有一天我的文字出现在报纸上就好了。"于是，他把报刊上的好文章剪下来，再一句一句抄写在一张张纸条上，抄完之后，把纸条全部打乱，再把这些语句按照顺序排列下来，经过很多次排列后，他弄懂了文章的结构。然后，他又把难度提高一个档次，开始一句一句地默写文章，经过一段时间的练习之后，他终于懂得了如何运用文字。

所以，对于学生的指导，不仅需要策略，更加需要行动，不然，你只是说要"好好学习"，而学生不知道什么叫好好学习，这不是就和《坐井观天》的青蛙和小鸟一样吗？我们说"上课认真听，就叫好好学习"，这样学生就会清楚；我们说"上课及时回答老师的问题和提出自己的问题，就是认真听"，学生就更加明白一些了。可见没有可行动的方法不是好方法，没有行动，能力是不会提高的，下次遇到困难，还是解决不了。发现问题不是目的，找到解决问题的办法，才是目的。

话未说完：为什么没有回教室去？

小孩子说话也是很有艺术的，尤其是一些懂事的孩子，对于一些问题，有时候他会试探性地说，看看成人是什么反应。或者在成人看来是很好的事情，但因为孩子不明白，或者初次接触，他内心会有一些担忧。也有的时候，孩子的表述没有完全回应我们的问题，因为有些回答是有背景和情境的，比如中午碰到个熟人问你"饭吃了吗？"这不是表示想请你吃饭，也不是表示真的关心你饭吃了没有，就是表达一个问候，也就是说，"吃饭"不是关键信息，关键信息是表示他看见了你，对你表示友好，但孩子就未必能够了解这个情境。

如果对一件事情，我们的反应比较"猛"，就会导致孩子拒绝说完本想说的话了。很多父母以为自己了解孩子的事情，或者认为小孩子嘛就是那么一点事情，其实只是知道了"一些"。而且长此以往，孩子慢慢掌握了父母回应的规律，他就会"察言观色"，然后我们又埋怨孩子不和我们说真实的情况，殊不知，最早的种子，是我们埋下的。

老师也一样，因为对于学生来说，老师是权威角色，学生说事情的时候，也是会有所保留的。几乎所有的老师都碰到过这样的情况：当一个学生回答完问题后，老师追问："其他同学还有没有意见？"这个时候大部分情况下，有的学生是有意见的。但他们真实的反应是不马上回答，而是直至老师给出比较明显的引导倾向，他们再根据引导问题提出意见。面对孩子，我们首先是要听完他的话，如果孩子有顾虑，也一定要消除他的顾虑，这样才能建立比较坦诚、富有建设性的交流关系。

【例1-3】椅子边写作业的孩子

周五时下雨了，有的时候雨势还不小。趁雨小一点的时候，我准备去看下社团的情况，走到校门口的时候看到一名学生蹲在椅子上订正试卷——门口有一个类似客厅的地方，有两张木质的沙发椅，但地方不大，是供家长来的时候坐的。我觉得孩子蹲在这里做作业太累，也不利于写好字，于是有了下面的对话。

我："你为什么在这里写作业啊？"

生："哦，外面下雨啊！"

我："哦，你是哪个班的？"

生："四（2）班。"

我一想，离这里是还有一段路，下雨确实不方便。

我："我用雨伞送你到班级好吗？"

生："谢谢庞校长。"

我转身回办公室取出雨伞，撑开伞后，我发现其实雨不是很大，这也是我刚才没有带伞就出去的原因。我觉得虽然她是女孩子，但也是需要鼓励一下的。

我："雨不是很大啊！如果下次你遇到这样的雨，你冒雨走几步不就可以了吗？这样你就不用蹲在椅子边写作业了。"

生："哦，W老师说试卷不能淋到雨。"

我："哦，这个倒是要表扬的，试卷确实要珍惜。"

我没有和孩子说的是，我这个时候想到了《四库全书》在杭州的命运，想到了和江南文脉兴盛有关的建筑"惜字塔"。余秋雨曾在他的《中国文脉》一书中有这样的描述："民间有一个规矩，路上见到一片写过字的纸，哪怕只是小小一角，哪怕已经污损，也万不可踩踏。过路的农夫见了，都必须弯下腰去，恭恭敬敬捡起来，用手掌捧着，向吴山庙走去。庙门边上，有一个石炉，上刻四个字：'敬惜字纸。'石炉里还有余烬，把字纸放上去……只见字纸慢慢焦黄，融入灰烬。……连土匪下山，见到路上字纸，也这样做。"[①]他还说，渔民如果出海打鱼，一定会找到一个读书人，用一篮鸡蛋、一捆鱼干，换得读书人写的一叠字纸，然后把这叠字纸压在船舱底部，才敢出海远航。

---

① 余秋雨. 中国文脉 [M]. 武汉：长江文艺出版社，2012：38–39.

第二节　孩子表达的"声东击西"

　　小孩子说话是缺少逻辑性和连贯性的，我们从孩子语言中捕捉到的信号，很有可能是失真的，除非我们对孩子发出的信号足够重视，有极强的解读能力。所以面对孩子，需要足够谨慎。

　　在一档电视台节目里，主持人问一个孩子："假设你正驾驶着一架飞机，机上满载着乘客，但是飞机突然没油了，你怎么办？"孩子不假思索地说："我第一个跳伞。"

　　这时，台下的观众哄堂大笑，他们没想到，孩子会这么鬼头，遇到问题的时候，居然想到自己先逃命。等台下观众笑完了，主持人接着问："然后呢？"孩子说："我赶紧去取煤油，然后去救他们。"这时候台下鸦雀无声。在场所有的人都没有想到，孩子单纯、幼稚的想法，居然这么善良而且博爱。

　　事出必有因，孩子的每一个非正常表现的背后都有一个正当的理由。他们可能是在表达精神或身体上的创伤所引起的负面情绪，也可能是在引起关注以帮助他们更好地宣泄，更有可能是只属于孩子认知的表达。这个时候，倾听是最好的关注和支持，真正的倾听，是不带价值判断的倾听，是不随意打断的倾听，是角色互换的倾听，这样才能更好地和孩子建立沟通意愿及提升相互间的信任。

我们需要尊重孩子，孩子的表达和行为，永远带着好奇心和强烈的进取心。认真倾听孩子的语言，至少需要做到以下几点：运用自己的行为、神态等告知孩子，我们正在认真听孩子的话，如简单的"嗯"或者点头示意；如果孩子找你的时候，你真的很忙，也可以和孩子确定交流的时间（但不是好的选择），千万不可以敷衍了事。同时，接受孩子的所有感受。孩子是比较情绪化的。有些事在我们看来是有点小题大做，但我们首先应接受孩子的感受，不管孩子表现得对不对，这就是孩子的现状。如果我们觉得孩子的想法、做法欠妥当，也不必阻止，而是谈谈自己的想法，给孩子一些选择。根据我和孩子交流的经验来看，孩子的思考能力远远超过我们的预期，我们千万不要怕孩子不听劝导，如果孩子不听，我们需要反思的是我们是否提供了选择，以及选择是否丰富。很多孩子到了高年级阶段经常和父母闹矛盾，这样的情况一般是家里有一个强势的母亲或者父亲，丝毫不尊重孩子的想法，所以矛盾的根源不是孩子不愿意接受父母的教育，而是父母不愿意接受孩子的感受。对此我们要高度警惕，因为父母或者老师作为孩子面对的强大权威形象，是会得到虚假信息的。面对权威的时候，一般孩子的表现都是相对谨慎，以免出错，但这样就会导致信息失真。

著名教育家陶行知说，"教育为本，观察先行"，观察是教育的第一步，而倾听则是观察的第一步，倾听是教育的前提，是教师与孩子心灵沟通的桥梁，因此教育又被称为倾听者的教育。

行为蕴藏着孩子的精神需求

孩子的行为是一种心理表征，我们可以通过孩子的行为，了解孩子的心理需求。但很多的时候，我们会把心理表征作为事实结果，尤其是这种心理表征代表着不健康、不积极的心理需求的时候。我们因为内心的焦虑，更加容易忽略孩子表现出来的心理需求或者说精神需求，做出背离孩子需求的结论——这种结论往往与他们的需求南辕北辙。

用成人的方式理解孩子是很难做到的，虽然孩子的言行举止从不掩饰他们真实的想法，但他们的想法也是天马行空、难以摸清规律的。如果家长想理解孩子的想法，认真理解其行为就是一条路径。因为孩子的表达能力并不强，但他们的行为却透露着他们的内在需求，当你发现孩子的行为出现异常的时候也代表着他的需求可能未被满足，这时候家长就应该反思自己有没有什么未及时支持孩子的地方。

当我们用认真的态度去审视孩子的时候，孩子才会更好地陈述自己的观点，也会觉得我们是在乎他的。倾听时的态度也是很重要的，一定要和蔼。我们需要清楚，敢于跟父母陈述自己想法的孩子，才是自信的、认真的。

【例1-4】"赌钱"的孩子

这类事情我觉得可能是经常发生的，所以，更加具有教育意义。

周六我去学校的时候，发现学校篮球场上（双休日的下午时间段是对社区开放的）有几个孩子在玩，其中一个同学小C是我教的班级里的学生，我正准备和他打个招呼，就看到他爷爷急急忙忙地跑进来，很生气地数落正在和小C玩球的一个初中学生。

我在旁边听了一会儿，弄明白了事情的前因后果。

今天小C问爷爷要20元钱，钱不多，爷爷就给他了。但后来爷爷不知从哪里知道了，这20元是小C准备和一个初中生打赌投球的钱。爷爷知道了这个事情，自然反应是很生气，因为怕孩子染上赌博的习惯，同时也感到自己的孙子被欺骗了，所以赶紧过来教育那位初中同学。

那位初中同学也是一脸的茫然，一直说是小C一定要约他赌球，他没有打算来的，是小C纠缠他，并告诉他这个钱是自己的零花钱，他看钱不多才答应的。爷爷问小C，小C也表示是这样的，显然，不存在欺骗的问题。爷爷开始还很生气，知道真相后有些语塞，但还是不停地教育那位同学，小C则在一旁尴尬地站着。

我对小C有一些了解，他在班级里的表现不太好，朋友也不多，从刚才的情况看，这个中学生可能是他难得的朋友。我判断在这件事情上，爷爷的理解可能出现了一些偏差，小C其实是在这个初中生朋友不愿意或者没时间和他玩的情况下，创新了玩法：

比谁投得准。五年级的孩子，自然知道自己是投不过那位初中生的，这也是他爷爷很生气的原因之一，觉得对方欺骗小孩子。但小C本来就不是为了赌赢，他就是为了能够和这位初中生一起玩。但爷爷显然没想到这些，所以他反复教育那位初中生。同时，我觉得如果小C和爷爷说自己要20元钱买东西吃，爷爷也就屁颠屁颠地去买来了。这恰恰说明，我们的家长教育，很多时候只会表层地满足孩子的物质需要，而不能满足孩子深层的精神需要。

对于这件事情，我们不妨来分析一下：这件事情其实是包含着蛮多正面教育的机会的，但因为爷爷的批评，让小C没有话说，那个初中生也只能说都是小C自愿的，自己也并没有拿到钱。

但五年级的孩子，已经有了自主独立的意识，他和初中孩子的赌约确实欠妥，但我们不能将这个"赌"和社会上的"赌博"相提并论。同时，在大庭广众之下，没有和孩子先交流，就否决了孩子的想法，其实对孩子与他人的交流是很不利的，而小C本就不太擅长与人交流，特别需要这个机会。在小C的成长中，伙伴是不可或缺的角色，教育的方式方法可以回家以后再做讨论。

这件事情的处理方式是可以做一些调整的，譬如赌一瓶水也是可以的，孩子其实就是喜欢玩游戏，玩过了也就过了。请客也是一种大家都能接受的方式，买点点心啊，吃个棒冰啊，都是可以的，如果爷爷能够这样和两位同学沟通一下，就能更好地解决这个问题。现在这么一处理，那个初中生肯定不愿意再和小C一起玩了，爷爷的做法其实破坏了孩子在成长中的友情期待。

所以，对于孩子做的一些并不合适的事情，要多看积极的意义，尤其是要先理解孩子，然后再沟通，不要马上批评制止。我相信，孩子做事情，也总是有一定的理由的——虽然在我们看来，这个理由很多时候并不一定对。

剥去 "特殊" 的外衣

小学生已经具有了一定的做事能力，如果发现孩子有特殊行为，就要重视它，孩子的特殊背后，究竟有什么原因？我们不仅要明白孩子的特殊需要我们的关注，更应该明白，孩子的特殊，是由特殊的需求产生的。而且，这种特殊的需求，往往是孩子最亲近的人造成的——最亲近的人既包括亲人，也包括重要的人。面对孩子的特殊行为，最需要的就是剥去这层特殊，还原事情的本来面目，这样我们也就理解了孩子的需求。

【例1-5】总是不带的调羹

昨天放学走过一年级办公室的时候，看到M老师在，就简单问了她重点关注的小H同学的事情。结果她讲的一个事情引起了我的思考，她说今天中午的时候，小H没有带调羹，就一个人去传达室打电话，叫奶奶送来。我问她是怎么处理的，她说她叫小H回了教室，因为教室里面是有一次性的筷子备着的。

我总觉得好像有什么在提醒我，就追问了几个问题：

1.他是否经常忘记？（没有）

2.他知道不知道班级里有预备的筷子？（知道）

我就问也在办公室的小F对这个事情怎么看？小F说M老师处理

得挺好的。

我说，我们可能忘记了一个视角，就是这次忘记带调羹有可能是一个故意的行为。如果我的判断正确的话，应该是孩子最近需要家长帮助他完成一件事情，但家长没有满足他。他把忘记带调羹这个事情作为一种测试，来看一看自己在家长心目中的地位。这个和人在恋爱的时候提出一些无厘头的要求是一样的，提要求并非他的目的，对方有没有做才是目的。就像这个调羹，小H关心的不是如何吃饭的问题，而是奶奶知道他没有带调羹后做出的反应。

M老师说，对，有可能，他原来忘记带调羹的时候是用班级的筷子的。

我请她第二天问一下，看看他有没有在测试家长的反应。后来证实果然如此。对于小孩子做出的一些特殊举动，其实我们更加应该关注的是行为背后的需求，这样的教育才会有效果。

第三节 孩子发展的"时刻表"

皮亚杰认为，在个体从出生到成熟的发展过程中，认知结构在与环境的相互作用中不断被重构，从而表现出不同特征。皮亚杰认为认知发展经历四个阶段：感知运动阶段、前运算阶段、具体运算阶段以及形式运算阶段。[①]

感知运动阶段（0—2岁）。在这一阶段，认知活动主要是通过探索感知觉与运动之间的关系来获得动作经验，形成了一些低级的行为图式，以此来适应和进一步探索外界环境。其中手的抓取和嘴的吸吮是他们探索周围世界的主要手段。从出生到2岁这一时期，儿童的认知能力也是在逐渐发展的，一般从对事物的被动反应发展到主动探究，例如从只抓住成人放在自己手里的物体到自己伸手去拿物体，其认识事物的顺序是从认识自己的身体到

①［美］约翰·W.桑特洛克.毕生发展[M].上海：上海人民文学出版社，2009：197.

探究外界事物。这个阶段的一个显著标志是儿童渐渐获得了客体永恒性理念，即当某一客体从儿童视野中消失时，儿童知道该客体并非不存在。儿童在第9—12个月会获得客体永恒性理念，而在此之前，儿童往往认为不在眼前的事物就不存在了并且不再去寻找。客体永恒性理念是更高层次认知活动的基础，表明儿童开始在头脑中用符号表征事物，但是还不能用语言和抽象符号为事物命名。

前运算阶段（2—7岁）。进入前运算阶段，儿童的言语与掌握概念能力以惊人的速度发展。运算是指内部化的智力或操作。儿童在感知运动阶段获得的感觉运动行为模式，在这一阶段已经内化为表象或形象模式，具有了符号功能。其认知活动已经不再局限于当前直接感知的环境，开始能运用语言或较为抽象的符号。但这一阶段的儿童还不能很好地掌握概念的概括性和一般性，还不能很好地把自己与外部世界区分开来，认为外界的一切事物都是有生命的，有感知、有情感、有人性的，如儿童说"你踩在小草身上，它会疼得哭"，即所谓的泛灵论。而且这个阶段的儿童在思维方面存在自我中心的特点，认为别人眼中的世界和他所看到的一样，以为世界是为他而存在的，一切都围绕着他转。如"我一走路，月亮就跟我走""花儿开了，因为它想看看我"。自我中心主义在儿童的语言中也存在，即使没有人听，儿童也会描述着他正在做什么。这种情况可能发生在儿童独处的时候，甚至更多地发生在儿童群体中：每个儿童都在说话，但彼此之间没有任何真实的相互作用或者交谈，皮亚杰将其称为"集体的独白"。本阶段儿童的认知活动具有相对具体性，还不能进行抽象的思维运算；他们的思维还具有只能前推、不能后退的不可逆性；此外本阶段儿童在注意事物的某一方面时往往忽略了其他的方面，即思维具有刻板性。与思维的不可逆性和刻板性等特点相联系，本阶段儿童尚未获得物体守恒的概念。守恒是指物体不论其形态如何变化，其质量是恒定不变的。但本阶段儿童由于受直觉知觉活动的影响，还不能认识到这一点，思维存在集中化的特征。他们在做出判断时倾向于运用一种标准或维度，比如：长得多、密得多或高得多，还不能同时运用两个维度。

具体运算阶段（7—11岁）。这一阶段的儿童开始接受学校教育，认知结构出现了重组和改善，思维具有一定的深度，儿童已经获得长度、体积、重量和面积等概念，能凭借具体事物或从具体事物中获得的表象进行逻辑思维和群集运算。但他们形成概念、发现问题、解决问题都必须与他们熟悉的物体或场景相联系，还不能进行抽象思维。因此，皮亚杰认为对这一年龄阶段的儿童应多做事实性或技能性的训练。此外，本阶段儿童已经能理解原则和规则，但在实际生活中只能刻板地遵守规则，不太会改变规则。随着对分类和排序的认知，儿童获得了思维的可逆性。他们的思维开始逐渐地去集中化，能够学会处理部分与整体的关系，进行一些逆向或互换的逻辑推理。去集中化是具体运算阶段儿童思维成熟的最大特征。

形式运算阶段（11岁至成人）。这一阶段儿童的思维已超越了对具体的可感知事物的依赖，进入形式运算阶段（又称命题运算阶段）。这种能力一直持续到成年时期。本阶段中儿童的个体推理能力得到提高，能从多个维度对抽象的性质进行思维。他们的思维是以命题形式进行的，并能发现命题之间的关系；能够进行假设性思维，采用逻辑推理、归纳或演绎的方式来解决问题；能理解符号的意义、隐喻和直喻，能做一定的概括，其思维发展已接近成人的水平。皮亚杰曾举了这样的例子：爱迪丝的头发比苏珊的淡些，爱迪丝的头发比莉莎的黑些，问儿童"三个人中谁的头发最黑"。这个问题如果以语言的形式出现，则具体运算阶段的儿童难以正确回答。但如果拿来三个头发颜色不同的布娃娃，分别命名为爱迪丝、苏珊和莉莎，按题目的顺序两两给儿童看，儿童看过之后，提问者将布娃娃收起来，再让儿童说谁的头发最黑，他们会毫无困难地说出苏珊的头发最黑。而当儿童智力进入形式运算阶段以后，儿童可以不必借助于娃娃的具体形象而轻松答出苏珊的头发最黑。这种摆脱了具体事物的束缚，利用语言文字在头脑中解决问题的运算就叫作形式运算。

皮亚杰认为，所有儿童的认知发展都会依次经历这四个阶段。认知结构的发展是一个连续建构的过程，每一阶段都有独特的结构，前一阶段是后一阶段的基础。虽然不同的儿童会以不同的发展速度经历这几个阶段，但是都不可能跳跃过某一个发展阶段。在阶段的转折时期，同一个体可能同时进行不同阶段的活动。

皮亚杰的理论仅仅是一个假设，真正的儿童心理要比这一理论复杂得多。澳大利亚学者比格斯与同事科利斯在实践中发现了两个现象：儿童的心理在不同的学科中有不同的表现，如在地理学科中，他可能处于形式运算阶段，而在数学学科中却仍然停留在具体运算阶段；儿童的心理发展具有反复性，如一名儿童的数学水平已经到达形式运算阶段，但经过一段时间后，又有可能倒退到具体运算阶段。比格斯教授在实践基础上，提出SOLO（可观察的学习结果结构）的评价理念：任何学习结果的数量和质量都是由学习过程中的教学程序和学生的特点决定的。它根据学生的已有知识结构、对学习的投入及学习策略等多方面的特征，形成从具体到抽象，从单维到多维，从组织的无序到有序的发展过程。①

比格斯把学生对某个问题的学习结果由低到高划分为五个层次：前结构、单点结构、多点结构、关联结构和抽象拓展结构。

前结构层次：学生基本上无法理解问题和解决问题，只能提供一些逻辑混乱、没有论据支撑的答案。

单点结构层次：学生找到了一个解决问题的思路，但却就此停止，单凭一点论据就跳到答案上去。

多点结构层次：学生找到了多个解决问题的思路，但却未能把这些思路有机地整合起来。

关联结构层次：学生找到了多个解决问题的思路，并且能够把这些思路结合起来思考。

抽象拓展结构层次：学生能够对问题进行抽象的概括，从理

① [澳] 约翰·B. 比格斯，凯文· F. 科利斯 . 学习质量评价：SOLO 分类理论 [M]. 高凌飚，张洪岩，主译 . 北京：人民教育出版社，2010：27.

论的高度来分析问题，而且能够深化问题，拓展问题意义。

比格斯教授的SOLO评价理念使我们对儿童的分析更加微观，可以从儿童的语言、行为（一定数量）分析儿童的思维发展，从而判断儿童所处的发展阶段。如果说皮亚杰是从比较宏观的角度告诉大家儿童成长是有时刻表的，那么比格斯教授则是从比较微观的角度给出了具体的时间。

教育的广角：思维发展的多向性

从某种角度看，儿童的成长其实就是思维的成长。儿童思维的发展，总体来说是从感性到理性，从形象到抽象。小学生学习知识，总体上是走向理性的和抽象的思维，甚至在小学低段的时候，老师也都是运用各种方式，如教具等，帮助学生理解比较抽象的知识。

儿童是天生的学习者，具有强烈的好奇心和与人交往的愿望，一般来说只要给儿童提供合适的情境，鼓励儿童运用已有经验去面对复杂的问题，进行积极尝试和思考，他的思维能力就能得到提升。

但有的孩子可能偏于感性化一点，有的可能偏于理性化一点。思维偏好和职业生涯规划会有关联，但我们不能笼统地说哪一种思维更好一些。总的来说，理科更多地运用逻辑思维，文科更多地运用形象思维。逻辑思维是有道理的思维，形象思维是可能不讲道理但有意思的（有趣的）思维。

【例1-6】儿童的语言为什么像"诗"一样

有个一年级的小孩子写了一首小诗《小树的眼睛》，"散步的时候/我看见小树上/长出了许多小牙牙/那是小树的眼睛/在看春天的风景"。多好的诗歌啊，我们总是说，儿童是天生的诗人，是有一定道理的。儿童的语言表达和成人差异很大，具有跳跃性、生动性、明显的情绪性等特点，和诗歌有相互契合的地方。

我们回到前面皮亚杰的认知发展理论，很容易就明白孩子这时候的思维处于前运算阶段，在这个时期孩子的思维中，他自己和外界是一体的，往往以自己理解的概念（大部分时间是自己的身体）来说事物，所以他说小树的"芽"是树的"小牙牙""眼睛"。其实，大部分孩子小时候的语言都是这样，后来随着儿童思维阶段性的进步，语言也随之变化，总的趋向是从感性到理性，系统性、逻辑性越来越强。小学的老师有一个感受，到了高年级，学生的文章越来越枯燥了，这和我们的习作训练体系有关，但更多的是成长阶段的问题，而不是学生的习作越写越差了。譬如一个初中生，如果在自然情境下看到树发芽，和爸爸妈妈说"小牙牙"，估计爸爸妈妈会晕倒的。

现在关于教育的说法很多，看着似乎都有道理，但是对于科学的心理学和教育学方面的知识普及很少，系统性普及就更少了。学习太多碎片化的知识，往往容易顾此失彼，或者过分寻求浅显的知识，就容易导致我们的认知出现偏差。

譬如我们的学校教育，正在朝融合的方向走，从知识层面走向过程方法和价值观层面，这个是没错的。但我们作为老师和家长，对这一点要十分清楚：学校的核心价值是"立德树人"，其主要功用是"传授知识"（当然知识的内涵与传授的方法不要窄化）。大学是提供"精深的知识""前沿的知识"，中小学是提供"基础的知识""典型的知识"。这就像一个餐馆，不管服务多么好，装修多么好，但核心价值是"菜要好"，其余都是锦上添的花，而不是锦。

"静待花开"：知道在等什么

不知道从什么时候起，很多家长和老师喜欢用"静待花开"这个词，但这个词有时候变成了一种无奈的表达，就是当我们觉得没有办法帮助孩子成长的时候，于是我们说"静待花开"。

"静待花开"有时候会成为一些不太负责的家长的推脱之词。我碰到过一位学生，他在小学六年级的时候，一篇文章也就写个100字。一次，我和他聊天谈到这个问题，不想他振振有词："我爸爸说了，静待花开，学习是长跑，不用太着急！"你看，这不是消极了吗？对于教育的一些尽人皆知的观点理解有误的话更会害人不浅。将"静待花开"简单理解为学习是长跑，要么是不负责任，要么就是没有明白。"静待花开"是说不用过分着急，提前用力，而不是叫你不努力，不奋斗啊！别人跑了1000米了，你慢吞吞跑了100米，还不努力，还慢慢等待自己的花开？

由此，对于"静待花开"要从积极的意义上理解，我们可以通过科学的判断，积极引导孩子成长。本义上的"静待花开"，是说对于花种只要我们及时浇水、施肥，经过几个月，叶就长了，花就开了，有的开得早一点，有的开得迟一点，而不是等待几年，或者需要我们猜测：这到底会不会开花？教育的规律性也就体现在这里，所以才有努力的目标。SOLO评价理念其实是提供了一种判断和期待的方向，有方向，就不会焦虑，这种心态对孩子的成长是很有利的。家长焦虑的产生，是因为对孩子的成长缺少科学的判断，做出了超越时间的成长要求，尤其是在和不同的学生进行比较时。客观地说，过于着急自然没有必要，但过于"静待"也不可取。

【例1-7】小Z的习作

小Z的故事颇有"传奇性"。据说有一天，他一个人在图书馆看书时突发奇想，打开水龙头，让水流到了地板上，结果整个地板都湿了——老师当然很生气，但我觉得这个事情自然不对，但小Z没有说自己的想法，才是这个事情最大的遗憾。多年以后，我们已经不可能知道小Z当时的想法了，当时老师一阵错愕之后，也把小Z批评得六神无主。其实，很有可能这只是他偶然升起的好奇之心，或者跟他看到的某一社会情境、书中某个情节有关，或者纯粹就是一时兴起。

但我们对教育的理解，还没有这么多元化，老师们日常的工作太繁重，更重要的是，教育这个工作是特别需要老师的奉献和智慧的，但我们在选择老师的时候，显然没有特别关注这一点。

我认识小Z的时候，他并不喜欢写作文。我看到他确实要花很长时间才能写300字～400字，明显落后于同年龄段的孩子。除了本身的一些原因，前期训练不足也是一个重要原因。于是我从最简单的故事"一波三折"开始教他写作文，他第一次的作业比之前写得好了一些；第二次我再和他说的时候，他说"这个写作文呢，也是有套路的"，表现出一副很开心的样子。这个细节说明了两个问题：第一，小Z是很聪明的，很容易发现规律；第二，孩子一旦掌握了方法，是能够完成原来自己难以完成的任务的，也会乐在其中的。很快，他就又写完了一篇文章，虽然时间比一般的同学会长些，但对他来说，已经是一个很大的突破……

很多年后，小Z的妈妈把小Z后期的发展简化为孩子习作的重大突破，这可能是失之偏颇的，因为孩子的发展总的来说是综合性力量的作用。但父母积极寻求不同的解决办法，是积极地"静待花开"。

我们从案例中可以思考一些教育的规律：在面对孩子落后问题的时候，一方面是寻找原因，一方面是提供足够的支持，还有一方面是要对照要求，使孩子慢慢向其靠拢。知识上低要求的鼓励，或者"好好好"的赞美，其实对于孩子的吸引力是不大的（尤其是中高年级），因为孩子比我们更加清楚周围同学的水平，我们的过分夸张的"鼓励"，恰恰阻隔了我们和孩子交流的前提——真诚。孩子渴求的，应该是自己努力地追上去，而不是被老师另眼相待——另眼相待本身就是对孩子的一种打击，在伙伴中，他也会被另眼相待。

重要的变量：教育的反射弧特别长

教育有个基本的属性是长期性，简单说就是教育事件具有较长的延迟性和滞后性，对于小学阶段的教育来说，尤其如此。从这个角度看，如果过分强调"高效""一课一得"，其实是不符合"教育的成效不易评价"这一特性的。

我们在小学阶段，如果过多关注结果，过多关注内容，而不关注过程和形式，是非常可惜的。现在所谓的教育内卷，和市场化有一点关系，市场化使家长在信息不对称的环境下更加焦虑，盲目卷入，形成"剧场效应"。美国经济学家马赛厄斯·德普克和法布里奇奥·齐利博蒂在《爱、金钱和孩子：育儿经济学》中从经济学的角度，分析了收入不平等程度与教育密集程度（俗称"鸡娃"）之间的关系。两位教授研究发现，社会公平度越高的国家，如瑞典、挪威、芬兰、德国等，父母对孩子的成长越宽容；社会公平度越低的国家，如土耳其、俄罗斯，以及一些东亚国家，父母对孩子越严厉、越苛刻，"鸡娃"现象就越严重。

中华民族几千年来一直强调"耕读传家"，学习的印记深深刻在每个家庭中。但哪怕是在我们心中觉得孩子学习应该是十分轻松快乐的美国，情况也是如此。儿童心理学家海姆·G.吉诺特在《孩子，把你的手给我》中写道："妈妈就像直升机一样在我头顶盘旋……我认为我有权随意打喷嚏，而不需要解释什么。"[1]

---

[1] 海姆·G.吉诺特.孩子，把你的手给我 2[M].许丹妮，译.北京：开明出版社，2024：5.

可见，"鸡娃"和过度关注孩子的现象普遍存在于世界各地。

【例1-8】小能的几个小故事[①]

　　天冷的时候，我带儿子小能骑车。骑一段，我一般都会问一下小能："冷吗？"小能一般会回答："不冷！"我这时都用手去摸他的手，有时候感觉温度刚刚好，有时候提醒他放在袋子里暖和一下。孩子是善于学习的，妈妈身体不好的时候，小能也会问："热吗？"妈妈怕小能担心，说："不热！"小能一般都会用手去摸一下，确认一下。余秋雨在《千年一叹》中曾说，每个窗口都有一双孩子的眼睛，意谓孩子未来的世界是从小时候的情境记忆中开始的。

　　一次去"晓风书屋"，小能看中了一本介绍浙江鱼类的98元的书，我其实心里也认为这本书对孩子的成长并没有多大的作用，但我很快就决定买下来。我只是想让小能感受到他的喜好和选择是值得尊重的。我知道，这绝不是一个简单的判断值不值得买的问题，更不是一个说服的问题，错误和失败是成长的自然同义词！多年后的一天，我和小能去西溪湿地捞浮萍，结果网兜中出现了两条鳑鲏，小能的欣喜眼神告诉我：他看的那本鱼类的书里面有关于鳑鲏的介绍，知识使他对这个世界保持敏感，给他带来了别人可能体验不到的快乐和自由！

　　小能一年级的时候喜欢蛇，买了好几十本关于蛇的书，还买

_____

① 小能是本书作者儿子的小名。

了一本专业的《商品蛇饲养与繁育技术》，每天都在研究这些蛇的资料，也有朋友善意地提醒我们让他转移下注意力。我下意识地认为孩子天性中的专注值得鼓励，他喜欢专题的探究，不是一件好事情吗？现在我想起来，这不就是我们提倡的PBL（项目化学习）吗？

一天晚上九点多的时候，很多人都在网上传一个视频，那是杭州相关部门制作的一个迎接G20的宣传片。小能刚洗完澡，也看了一看，说："这个化蛹为蝶的创意好！"但很快又大声地说："可惜啊，这个不是杭州的蝴蝶！"啊，我大吃一惊，赶紧问："这是哪里的蝴蝶？""这很明显是亚马逊的蝴蝶啊。"我更加吃惊了。小能又补充一句："现在被引进了也有可能，但不是杭州的原产蝴蝶！"我恍然大悟，孩子在和书中小动物不断地交流中积累知识，这些知识的储备，把他引导到了更为广阔的空间，让他和自然世界的对话通道更多。

第 **2** 章

孩子眼中的世界：
教育的起点

当为儿童提供了他们所需要的一切条件后，我们必须做的就是控制自己盲目帮助孩子的冲动，跟孩子保持一定的距离，不要总是去干涉他们，当然也不能漠不关心。

当孩子专心地去做他们眼中非常重要的事情时，他们会非常安静，乐在其中地享受属于自己的快乐。这时，我们什么也不需要去做，只需要站在孩子的旁边默默观察他们。

——［意大利］蒙台梭利

　　对于学校的定义有很多，记忆犹新的是古希腊的一句有点拗口的话——我们不必去某地也不缺东西。这就是school单词的原意。所以，一根竹棒、一片树叶，都有可能成为孩子的世界，这个世界，在我们社会系统中，就是学校。但我们需要记得的是，学校本来是什么？学校对孩子成长的意义在哪里？……清楚了这些，我们就会知道，孩子眼中的世界，就是最好的学校。

　　一般都认为教育学的支柱是心理学、社会学、伦理学，因为教育学是最为复杂的一种社会理论，是包罗万象的，所以涉及很多交叉学科，教育经济学、教育生态学、教育政策学……但教育的基础应该是儿童学。

　　我们先来重温一下陶行知先生的话："您不可轻视小孩子的情感。他给您一块糖吃，是有汽车大王捐助一万元的慷慨；他做了一个纸鸢飞不上去，是有齐柏林造飞艇造不成一样的郁闷；他失手打破了一个泥娃娃，是有一个寡妇死了独生子那样的悲哀；他没有打着他所讨厌的人，便好像是罗斯福讨不着机会带兵去打德国一般的恼火；他受了你盛怒之下的鞭挞，连在梦里也觉得有法国革命模样的恐怖；他写字想得双圈（双百）没得着，仿佛候选总统落了选一样的失意；他想你抱他一会儿而你偏去抱了别的孩子，好比是一个爱人被夺去一般的伤心。"[①]

陶先生的话带给我们教育人关于儿童学的很多启发：

孩子的情绪有可能是夸张的。因为孩子不知道怎么表达自己的情绪。我想起很多小孩为了一点小事向家长发脾气，甚至于大哭大闹，而父母或者周围人，不能合理地疏导孩子的情绪，结果有些孩子越闹越来劲了。也有一些孩子的情绪调适能力较强，往往也成长得比较好。我们现在社会上的很多所谓"巨婴"，其实也是不懂得如何恰当地表达自己的情感和与人沟通。

孩子是有可能控制不住自己的行为的。尤其是他们怀着好奇心的时候，会有一些不符合社会规范的行为，但这些行为和我们大人的社会性行为是不一样的。我们在教育中，也要理解儿童行为中蕴含的积极因素。

孩子是有自己珍视的东西的。一张小糖纸，一颗弹珠，在孩子的眼里都有可能是宝贝，孩子衡量宝贝的是意义，而不是价值。孩子是有自己的百宝箱的，我们有时候往往不能理解孩子的这种特性。这些孩子珍视的东西，是童年记忆中美好的东西，是有着孩子的某种寄托的，是对孩子有独特意义的，是可以不断带给孩子力量的。即使我们觉得不好，也不要过多干涉，有一天，他长大了，自然会脱离的。

孩子是缺少安全感的。对于孩子来说，成年人就像巨人一样，两个小伙伴的关系就足以伤透脑筋，如果没有一个宽松的环

---

① 方明 . 陶行知教育名篇 [M]. 北京：教育科学出版社，2005：170.

境，他们就会更加缺少安全感。安全感不仅来自身体的接触——据我观察，现在很多孩子是缺少和父母身体的有效接触的，也包括精神领域，如在公众场合呵斥孩子，过分宠溺孩子，不和孩子玩耍，不和孩子交流，不公平对待两个小孩，等等。大人们往往以"工作忙""他还是个孩子"为托词忽略孩子，这就使得孩子的安全感或多或少没有得到保障。

…………

教育的起点是儿童学，读懂儿童要认真倾听儿童的语言，观察儿童的行为；读懂儿童要站在儿童的位置上思考，在充分尊重儿童的基础上影响儿童；读懂儿童要期待儿童发展的可能性，对儿童的未来有想象力。当然，在读懂儿童的过程中更加重要的是"无可救药"地喜爱孩子，老师或者父母如果没有真正对孩子的爱，就留下了很多的无效教育行为。

第一节 孩子的情绪是真实的也是短暂的

　　面对孩子，我们一定要相信，孩子的行为和语言是有可能失真的，但情绪是更加真实的反应。如果我们看到孩子生气，那他一定是有不满意的事情，我们要先弄清楚事情缘由和孩子的真实需求，如果我们只是看到孩子的情绪，那我们做出的判断和行为就有可能是错的。我经常看到很多妈妈鼓励孩子要勇敢，当小男孩一哭，我们总是觉得不对，需要教育。但孩子的勇敢和哭不哭其实关系不大，所谓"无情未必真豪杰"。

　　孩子的情绪投射着生活、学习环境对他的影响，孩子的异常情绪如脆弱、愤怒、焦虑等的出现一般也显示着生活、学习环境中的问题，需要家长或者老师关注自己的状态，最近是不是有不好的情绪影响到孩子。比如父母吵架之后会引起家庭氛围的紧张，孩子会感到恐惧和脆弱；家庭因为经济问题陷入困境，孩子会感到焦虑、无助。

一天我外出时，看到前方不远处一位母亲骑电动车带着孩子，小孩坐在后面玩一辆小玩具车，不小心掉了一个轮子，小孩子哭了，可能想下车找，但在前面的妈妈没有听到，或者时间比较急，应该是说了几句，小孩哭得越发厉害了。旁边一个过路人看到捡起来追了上去，但大约相差10米的距离。小孩不停地哭，妈妈不停地教育（虽然我听不到，但能感觉到有交流）。好在后来这个过路人追上了他们并把轮子还给了孩子，孩子自然就停止了哭泣。这位妈妈显然不知道孩子有情绪的原因是丢了东西（也有可能孩子说不清楚丢了什么东西），或者知道了但不补救，其实如果知道孩子情绪的重要性，补救也很简单，停下来找一下就可以了。

孩子自我情绪的释放：自我教育

儿童是会自我教育的，但让儿童自我教育是要动脑筋的，教师的专业性就体现在这里。高明的老师总是能够想出办法，在不动声色间完成对儿童的"教育"；而有的老师大呼小叫，孩子还气呼呼地站着不服气。

《老子》中说："太上，下知有之；其次，亲而誉之；其次，畏之；其次，侮之。"[1]我们如果把老子评价统治者的做法引申到对孩子的教育中，大概就是说最好的教育者是学生并不知道他的存在；其次的教育者是孩子亲近并且称赞他；再次的教育者

---

[1] 老子. 老子道德经 [M]. 王弼，注. 楼宇烈，校注. 北京：中华书局，2011：43.

是学生畏惧他；更次的教育者是学生轻视他。所以好的教育是自主的教育，最好的教育就是不教。

孩子的自我情绪是比较容易积累和释放的，也许因为一本漫画书谁先看，两个孩子就会发生比较大的冲突；但释放也一样容易，可能你讲几句笑话，两个人又和好如初。有个常见的现象是，两个孩子在玩时发生了矛盾，旁边两个家长看到了也针锋相对地吵了起来，结果，两个家长吵得不可开交，而两个孩子很快就重归于好了。

所以，有经验的老师，面对孩子的情绪，采用的办法一般是"声东击西"。在暂时不清楚孩子情绪来源的时候，先不考虑具体的情绪是什么，既不反对孩子的情绪，也不满足孩子的情绪，而是拿出孩子喜欢的东西，孩子一被吸引，也就没有之前的情绪了。过了一会儿，他自己也忘记了刚才的事情。

如果"一本正经"地处理情绪，那就是比较"低效"甚至可能是"错误"的行为，我们现在之所以很反对小孩子撞到桌子后家长在孩子面前打桌子的教育方式是因为，家长想处理孩子产生的情绪，结果导致孩子形成了错误的归因，长此以往，孩子就容易陷入错误的思维和反应状态。

【例2-1】进校门要不要戴红领巾？

傍晚放学，我在校园里转了一圈后，回到办公室。

两个同学（小L和小P）跑进来，开始"数落"门口值日岗的同学。原来，这两位同学放学后和其他几位同学一起打篮球。玩了一会儿觉得有点热，就把外套和红领巾放在篮球架下继续打。后来不知谁说口渴，小L和小P就跑出去买水喝。不巧再回来的时候，被值日岗的同学发现了没戴红领巾。因为学校有规定，上学期间要佩戴红领巾，值日岗认为两位同学没有戴，要扣班级分。小L和小P自然不同意，解释说只是刚刚出去一下，再说学校也规定体育课上可以不戴红领巾。但值日岗同学认为你们也不是在上体育课……

他们还没说完，值日岗的小朋友也来了，也赶紧说自己的理解。

我和值日岗的小朋友说，"这个事情我也'晕'，你们带着小L和小P去找自己的班主任D老师，我相信她一定有办法"。

过了一会儿值日岗的同学带着小L和小P又来找我了，大家对D老师的安排没有异议。D老师给他们的建议是，这个事情老师也是第一次遇到，你们不妨采访一些同学和老师，听听大家的建议。

于是第二天，值日岗的同学请了一位家长来拍摄，也来采访了我，我表达了我的观点，我说我是赞成戴红领巾的，如果特殊情况下不戴，可以先和值日岗的学生说明（如受伤，运动等）。大部分被采访的同学也表示还是要戴。最后，是采访小L和小P，他们迟疑了一下，也说要戴。对这件事情的讨论视频，值日岗的同学经过大队辅导员的同意，还在全校播放了。

其实这个事情的规则界限是清楚的：一是要不要戴；二是如果有特殊情况，是否要先报告。值日岗同学和小L、小P其实都是想站在自己的角度解决问题，心情又有点激动，矛盾就产生了。

D老师很有智慧，她采用的方法是让孩子自我反思和向别人征求意见，同时还顾全了各自的"面子"问题，这个问题就迎刃而解了。

教育是个系统"工程"，你说两个孩子打球不戴红领巾有没有理由？也是有的。但其实双方的矛盾不在打球时要不要戴红领巾，而是进校门时要不要戴。如果不戴，应该怎么沟通？如果两组孩子钻在自己的思维胡同里讨论，是解决不了问题的。高年级的孩子，虽然还会有情绪，但他们也有理性的认知能力，只要老师有巧妙的办法，他们是能够走出情绪泥潭的。

自我能力的成长：做孩子社会性成长的"梯子"

社会学习理论是班杜拉创立的关于人格和社会性发展的学说，他通过研究儿童的攻击性行为、言行一致、抗拒诱惑、亲社会行为等方面，阐明了人是怎样在亲身的社会实践中通过观察榜样而形成社会性行为的。人总是通过观察学习和自我调节来改变自己的行为，从而形成自己的观念、能力、人格和社会性行为。观察学习主要是依靠替代强化，替代强化不断巩固就能转化为儿童内在的标准，形成自我强化。一方面，儿童通过一定的模式去观察榜样的示范来获得社会行为；另一方面，自我调节要求儿童在认知调控方面能有计划地组织学习活动，进行自我指导、自我监控和自我评价。[①]

---

① 张明红 . 学前儿童社会学习与发展核心经验 [M]. 南京：南京师范大学出版社，2018：8–9.

　　什么是儿童的社会性发展？要回答这个问题，我们可以列举许多学者的研究：如心理学家齐格勒强调人的社会性主要包括人的社会知觉和社会行为方式。通过社会知觉，人们觉察他人的想法，向他人表达行为的动机和目的；通过社会行为方式的学习，人们掌握约定俗成的举止方式、道德观念，从而能够适应自己所生存的社会。[①]心理学家墨森则认为，社会化是儿童学习社会性情绪，形成对父母亲人的依恋、气质、道德感和道德标准、自我意识，建立同伴关系、性别意识、亲善行为，以及对自我和攻击性的控制等。[②]

　　心理学家塞尔曼对儿童观点采择能力发展的分析如下。水平为0（3—6岁）：没有分化的观点采择。儿童能认识到自己与别人有不同的想法和情绪感受，但经常将两者混淆。水平为1（4—9岁）：社会信息的观点采择。儿童懂得由于人们会接触到不同的社会信息，因此对同一问题可能有不同的观点。水平为2（7—12岁）：自我反思的观点采择。儿童能站在别人的立场上，从别人的角度审视自己的思想、情绪感受和行为，儿童也认识到，别人也能这样做。水平为3（10—15岁）：第三参与人的观点采择。儿童能超脱两个人的情景，想象一个不偏不倚的第三者是如何观察自己和别人的思想、行为的。水平为4（14岁至成人）：社会观点采择。个体认识到第三参与者的观点采择会受一两种更大的社会

① 张明红. 学前儿童社会学习与发展核心经验 [M]. 南京：南京师范大学出版社，2018：4.
② 陈会昌. 儿童社会性发展与教育 [J]. 父母必读，1995（09）：34.

{

价值体系的影响。[1]

【例2-2】询问也需要"支架"

中午在巡查的时候，碰到六（1）班的Y和另一个同学在一间教室门口。等我走了一圈返回的时候，看到她们还在教室门口转，就好奇地问："你们在干什么？"

她们异口同声地说："我们在统计还鼓号队的衣服。"

"哦，问好了吗？"我想，做这件事情不需要在教室门口啊！

"还少三套，但同学们都说还了。"

哦，我明白了，她们是在统计这个年级的衣服，但发现少了三套，需要再次核对。

"那你们准备怎么办？"我以为她们是不知道要核对，就启发她们一下。

"再去问一遍，但老师们都在讲课！"

我终于明白了她们的问题，因为老师在上课，所以她们不知道该怎么处理；如果老师不在讲题目，她们进教室核对一下就清楚了。我想了想，就和她们说："你们怕打扰老师和同学们上课，但也还有解决的办法，你们可以先敲门，然后和老师说一下，请鼓号队的同学出来一下，和他们确认下还了没有，什么时候还的，还到哪里了。这样就不会影响很多人了。同时，你们的

---

① 庞丽娟. 教师与儿童发展 [M]. 北京：北京师范大学出版社，2011：281.

问题也能很快解决！"

"哦。"她们一听很高兴。

我看她们还是有点犹豫的样子——这个和锻炼少有一定关系。

我就先敲一下门，提醒她们敲门时注意下节奏和声音，然后看着她们走进去，和老师进行沟通。

Y跑上去说："S老师，我们是来收鼓号队的衣服的，同学们都说交了，结果我们整理的时候发现少了三套服装，所以我们要再来问一下。"

看她们已经在处理事情，我就离开了。

下午的时候我遇到她们两个人，问："衣服都弄好了？"

"对！"

真替她们两个人高兴！完成了一件这么有意义的事情！孩子就是这么一点点成长的。

第二节　孩子往往词不达意

　　孩子的语言情境和大人不一样，表达力也不是很完善，因此要比较全面、完整地理解孩子的语言，是比较难的一件事情。当然，办法总比困难多，我们可以循着孩子语言中的蛛丝马迹，关注孩子语言的关联处、迁移处、本质处、整合处，从而寻找破解孩子语言密码的方法。

　　语言的关联处是指儿童语言的相关性。我们成年人容易形成以因果性为主的逻辑思维能力，这自然是我们这个社会良好运行的基础，但儿童的语言更加关注相关性，而不是因果性。有一次，我和一个孩子说："你爸爸很辛苦，每天都接送你，爸爸作为长辈，我们要尊重他！"没想到孩子马上问："庞老师，你和爸爸谁大？"一开始我觉得我的意思是要尊重爸爸的辛苦，他问我年龄谁大干什么？后来我慢慢想明白了，孩子关注的是"长辈"，他想了解一下老师是不是也是长辈！所以我知道了，这涉及孩子的概括能力。和小学生讲话，一般不要用结构复杂的语句，不然很有可能学生领会的并不是我们想表达的核心意思。

语言的迁移处是指儿童语言迁移的目的。有时候，迁移语言本身就是儿童的目的。我们都知道儿童喜欢模仿，其实儿童对语言的模仿是无处不在的，譬如有时候我们发现儿童说脏话会很生气，因为我们关注的是儿童说话的内容，而儿童可能只是因为对这个词语或者这句话没有听到过，他有模仿的欲望，他感兴趣的就尝试说一说。其实，如果我们不是很强调这是脏话，过了几天，他很可能就忘记了，但有的家长或老师强化了脏话的内容，结果可能反而不好。

语言的本质处是指儿童语言的指向。儿童因为词汇量少，表达力相对较弱，很多时候，他说的话和自己想表达的本意会不一致。譬如一个小孩说"小明的笔很漂亮"，他其实的意思可能是"想买一支和小明一样的笔"。对一些词语的理解，儿童大都会停留在表面，如对"洗牌"这个词，很多儿童会将"洗"理解成本义，真的会把牌拿去洗了。这样的故事，对于每一个小学语文教师来说都非常熟悉，因为高年级的时候有一篇作文题目叫"童年趣事"，学生的作文中有很多类似的趣事。2019年我赴英国研修的时候，发现英国学校的安全守则里提到，老师有必要关注儿童是否有不明的伤痕，是否穿很脏的衣服，是否不洗澡……这是用儿童的身体、外在形象等来确定儿童语言的准确性。

语言的整合处是指儿童语言中某些话出现的频率。如果儿童经常出现类似的话，则很有可能透露了他本来不愿意表达出来的信息。不同感官偏好的人对于不同的词汇也有偏好，不同性格的人习惯使用的感官用词是不同的，对于这种偏好我们要在倾听孩子说话时多留意。当我们发现孩子的感官偏好时，就可以在说话时有意识地多使用孩子所习惯的词汇。譬如孩子话里经常出现"看上去"时，就可以推测孩子有视觉型感官偏好。在和孩子交流时就可以多用视觉型词汇，例如"观察""反映"等。

儿童的语言是一门科学

教育是需要情境的，所以很多人更多地依赖于经验，但教育当然也是一门科学，尤其是就一般的情境来说，有很多的科学轨迹可以寻找。吕型伟老先生多次说："教育是事业，事业的意义在于奉献；教育是科学，科学的价值在于求真；教育是艺术，艺术的生命在于创新。"[1]对儿童的语言需要科学的规律性分析，而不必更多地关注个例的特殊性，尤其是学校教育，总体来说班级授课制的前提就是要体现教育的科学性和规律性。

【例2-3】语言中的前摄抑制[2]

这节课是口语交际课，主题是"商量"，我们在课堂中增加了一点思维含量。因为在前面试教的过程中，甲说："我向你借的书没看完，能不能再借几天？"乙马上说"好的"。感觉商量

---

① 吕型伟.吕型伟教育文集（第三卷）[M].上海：上海教育出版社，2007：60-61.
② 本文曾发表于2020年9月30日的《中国教师报》。前摄抑制指之前学习过的材料对后来学习的材料的回忆和再认产生的干扰。

没有开始就结束了。老师的重点也落在"能不能""行不行""好吗"上，这并不是"商量"或者说这个"商量"太简单了。我们讨论了下，觉得要增加一点难度，商量也有失败的，也是会遇到困难的。于是在第二个孩子和爸爸关于看电视的环节中，老师扮演爸爸，孩子说想看其他节目的时候，"爸爸"说："我这个直播快结束了，能不能让我先看完？"学生遇到了困难，这下终于有点商量的味道了。我们很高兴，因为既然是口语交际，那就是遇到实际情况时用，而不是在课堂上练习口头语言。

但我们忘记了一个重要的心理学知识：学生是会产生前摄抑制的！课堂上一开始一切都很顺利，一位学生提出问题，另一位学生就说"好吧！"于是，老师就按照预设的计划，开始给学生出难题，学生完成得也很好！上课的老师估计也偷着乐，但后面等到学生再说"好吧！"时，一个学生马上敏感（这个学生对语言和学习都很敏感）地提出："这个不能这样说，商量总要遇到几个问题的！"——这，是个难题？商量时当然是遇到了问题，但"好的"，也是商量的一种结果啊！在前面的课堂中，我们为了让学生理解商量会遇到问题，就给学生做出了商量的示范，但学生思维又受到前摄抑制，认为商量一定会遇到问题。

这其实是提醒我们，学生尤其是低段学生，是很容易受到即时信息的影响。心理学中把记忆受到的干扰作用分为前摄抑制和后摄抑制，这在学生的课堂中也体现得很充分。老师如果这个时候跟进一下会好一些，但老师遇到这个问题也是愣了一下，顺着孩子的思维往下走。我想，恐怕很多学生会因此而认为所有的商量都意味着事情不能马上解决。如果在现实中也是这样的话，那沟通成本就高了。

承认教育的科学性，我们就能够避免就事论事，从而具有了把握规律、提升教育质量的可能。教育学在很多时候不被大家认为是科学，就是因为我们的很多实践和思考，还是具体的、个例的，还没有抽象为概念和一般性规律，这也是人人都觉得自己懂教育的原因。社会上对教育的科学性强调得不多，普遍存在从个例到个例的现象，一阵风似的一会儿学习《××女孩》，一会儿学习《××虎妈》，一会儿关注"陪伴"，一会儿关注"正面管教"……这些理念从科学性上说，都有其合理性，但教育要多采用归纳法、演绎法，而不是列举法，就像可能有人感冒后睡了一觉就恢复了，但我们不会因此否定医生关于感冒吃药的建议。我们身边的畅销书展现的大都是个例，而且往往是极其优秀的个案，学习借鉴当然是好的，但如果只是由此把自己的孩子横向比较，除了增添焦虑没有太大的意义。教育，要建立在广泛的心理学、教育学理论上，这才是教育发展的科学之道，老师们和家长们基于教育原理，结合孩子生活实际进行思考和实践，才是培养身心健康孩子的必由之路。

回应儿童的心声

要善听孩子的弦外之音，才能明白孩子的真实意图。而许多父母老师总是喜欢自以为是地评价孩子，打断孩子的话，使他们根本无法完整地表达一件事。同时也要避免偏见，因为我们的判断和评价总是不由自主地站在成人的立场上。

　　倾听孩子的心声意味着要更多地接纳孩子的想法：认识到孩子的语言表达代表着他们的想法（不同孩子的表达不一样，就像不同孩子说"我要吃"，但对吃的需要都是不一样的）；同时，要认识到孩子的语言是由哪些情境触发的，譬如一个孩子把一本书扔到地上，和一个孩子看到别人在扔书，然后也把自己的书扔到地上，是有很大的区别的。前者可能是表达自己愤怒的情绪，而后者可能只是觉得好玩，甚至也不觉得好玩，就是看别人玩，自己也玩。

【例2-4】一张满环的射击纸

　　运动会的时候我遇到了一个优秀的同学Z。

　　那天去参加区运动会，听说有个学生跑步得了高分，我跑过去一看，发现这个同学就是Z。后来我从S老师（Z的班主任）这里了解到，这个孩子很自主，学习也不错。其实所有的小学老师都知道，一般体育好的同学，学习也并不差。因为在体育方面得奖的同学，除了本身身体的天赋外，意志力和思考力也一定不错。

　　运动过后的几天，准确地说是12月28日，我在校园巡查的时候看到四（1）班的灯亮着，我走过去看到一位学生正在做作业，我一下子没有看清楚是谁，于是就在门口问："你为什么还没有回去啊？"

　　她抬起头的时候我发现是Z。我就又问她没回去的原因，因为学生一个人在教室里也不太好（其实也没多大关系，但现实中学校承担的是行为的无限责任，即使这种行为是学生、家长做出的），涉及校园安全的问题，后来为了解决很多职工子女回家一个人，以及学校为了安全又强调准时放学的问题，提出了"学后托管"的解决方案。

她说现在回去家里还没有人，所以做一会儿作业再回去。

我问她为什么没有参加托管班？

她说因为要练习射击，大多数时候练习结束后回家的时间刚刚好，但有时候练习也会提早一点结束，早的话就一个人在教室里做一会儿作业。

我听后提醒她和老师说一声，她说老师知道这个情况。

我要离开教室的时候，Z抬头说："今天是我的生日。"

"哦，那要早点回去。"我转念一想，摸了一下口袋，"我今天没有带什么东西，明天送你一个生日礼物，好吗？"

她说："好的。"

第二天，刚好碰到班主任S老师，我就请S老师转交给Z一本书。我在扉页上工工整整地写上"祝你生日快乐！"签了12月28日的时间。后来我也差不多把这件事情忘记了。

大概一个月后一天放学的时候，Z来到我的办公室，放下一张满环的射击纸说："庞校长，这是我送给你的！"

我看了看："哦，满环啊，加油！"

她也很高兴地继续去练习射击了。

那张射击纸我就放在台板下，有时会看看，因为我觉得这个孩子还是挺懂得感恩的，也会把自己的成果作为回赠。

但这还不是故事的结尾。

有一天不小心，这张纸从台板掉出来了，翻个身落在了地上，我才发现射击纸的背后有一句话："您和《窗边的小豆豆》里的校长先生一样温柔可亲！"

我心头一震：这孩子，太有心了！

这才是她想和我说的话，我却一直没有看见，直到这次"意外"的发生。在我们的生活中，在我们的校园里和家庭里，又有多少孩子想和我们说的话，是我们没有看见和听见的呢？我陷入了沉思。

所以，老师也好，家长也好，要非常审慎地回应孩子的语言。在这件事情上，我听到了"今天是我的生日"中对老师的信任（这信任大概率来自运动会中我和她的聊天），我的回应是送给她一份生日礼物，孩子的回应是送给我一张满环的射击纸和一句赞扬。要让孩子的心声有反馈，彼此的信任才能建立并持续循环下去。

教育是慢反馈行业，即使在知识层面，想要知道一个人接受的教育是否有成果，也需要通过一定时期的监测来验证。比如说学乐器，可能需要花费3～5年时间才能获得达到4级的成果，所以，教育是特别需要用信任作为纽带的行业，教育的投入产生效能特别慢（也有可能不会产生我们期待的效能），特别需要教师群体默默无闻地工作，这可能也是从古至今不同的社会、不同的国家都把教育置于崇高地位的原因。

第三节 孩子行为背后都有"孩子逻辑"

孩子是很少讲逻辑的，所以不要和孩子讲逻辑，我经常听很多爸爸妈妈针对问题和孩子交流时，往往是出现问题、分析原因、要求改进"三步曲"，以为有了前"两步"，按照逻辑，自然就会有"第三步"，但儿童不这么想，更不这么做，往往你说了"两步"，孩子又回到了"第一步"。这个时候，很多老师和父母就觉得孩子不可理喻，更加生气。其实这是对孩子缺少理解，孩子本身的思维就没有什么逻辑，什么新奇就关注什么，所以，你今天早上和孩子讨论你准备了很久的很重要的问题，但孩子可能关注的是你今天头上佩戴了一个新的发夹。

但孩子也有自己的"逻辑"。

什么是"孩子逻辑"呢？

动的优先。我们在古文《学弈》里面学到过，两个孩子一起学习下棋，其中一个孩子不好好学，看到大雁飞过就想"思援弓缴而射之"，这自然是批评这个孩子注意力不集中，所以后来学弈失败了。但我们也要理解，这就是孩子自然的行为反应，一般的孩子我觉得在没有外界的约束下都会这么做，专心致志是需要长时间的训练才形成的习惯。几乎所有的孩子小的时候都喜欢去动物园玩，如果能够给羊喂喂草，给海豹喂喂鱼，那就更开心了，小朋友还很喜欢模仿大象走路，也是将自己的动能释放出来。

新的优先。孩子做事很容易没有头绪，是无序地随心所欲，做事情或是学习总是记了后面忘了前面，这是因为他忙着接受新的东西。有个故事叫《小猴子下山》，也是我们小时候语文书中的一篇课文，小猴子看到新的东西，就把旧的东西扔掉，看到西瓜扔玉米，看到小兔扔西瓜，结果一无所获。这则寓言自然是有教育意义的，但其实每个孩子都是小猴子，看到新的就会把旧的扔掉，我们也不能说孩子没有得到，他享受到了追求"新"的这个过程，所以我们看到孩子做这些事情是很开心的，他并没有觉得西瓜一定比玉米重要。编书的学者之所以把《小猴子下山》放在书中，就是想提醒孩子改进自己的行为。

喜欢优先。对于一件物品，成人是"价值"优先，儿童是"喜欢"优先，所谓"人不轻狂枉少年"。有个故事说，一位老师在学生毕业前的最后一节课上，把一张百元的纸币放在地上踩了几脚，然后问学生："这是几元？"学生的回答自然是一百元。于是老师说："决定一个人的是价值！就像这张纸币，它的价值和它有没有脏和皱没有关系。"但这个故事肯定不是在幼儿园或者小学低中段发生，因为孩子完全有可能觉得踩过的钱就不要了，甚至觉得妈妈的钻戒不如自己的洋娃娃重要。很多著名作家在写童年的回忆文章时，很喜欢用一句话"那天，我的童年结束了！"譬如孩子突然明白妈妈喜欢吃鱼头是因为爱自己；妈妈说不爱吃肉是假的，是为了让长身体的我们多吃一点。我们如果仔细分析会发现，往往就是从这时候开始，孩子不再是喜欢优先了，而是责任、尊重等优先了。

注意力转移：有了更有吸引力的东西

大部分的家长和老师都很讨厌孩子注意力转移，很多培训机构还开了关于注意力的培训班，不知道他们是怎么培训的。

我觉得注意力转移其实也不是坏事。心理学一般认为注意力有四种品质：注意的广度、注意的稳定性、注意的分配和注意的转移，这是衡量一个人注意力的标志，也就是说，注意的转移本身也是一种能力，并不是只有注意的稳定性才是能力。

注意力的合理分散是很重要的本领呢，就是"眼观六路，耳听八方"啊，这不就是注意力的分配吗？比如我们都能做到一边走路一边讲话，但注意力分配是有条件的，同时进行的两种活动必须有一种是熟练的，甚至达到了自动化的程度。人们对熟练的活动不需要更多的注意，可以将注意力集中在比较生疏的活动上，即同时到达的两个信息不会超出脑的加工容量，人就能对两者都做出反应。只有这样，注意力的分配才成为可能。

【例2-5】 为什么学生看到的是桑葚？

小M老师最近在讲《农家四季歌》（统编版教材课文），其中有一句是"采桑养蚕又插秧"（引用的翁卷原诗中是"才了蚕桑又插田"，统编教材原来是"采了蚕桑又插秧"，但"采了蚕桑"从字面上看是搭配不当的，估计为了避免孩子的记忆错误，所以现在改了）。小M老师也是想了办法的，用了一张桑树的图片辅助孩子理解，这种图示法是在低段年级经常使用的教学方法，就是让事物直观化，便于学生理解。

桑树对于我们这些农村生活经验丰富的人来说，是很常见和很熟悉的，但现代城市儿童（即使经常回农村）对桑树的概念是模糊的，很多学生连韭菜和麦苗都经常搞错，所以用图片让学生认识一下是有必要的。小M老师同时还有一个意图是用桑树上的树叶（心形）和下方的树枝来实现图形识字——桑，应该说也是一个好的方法，虽然桑字不一定是象形文字，但对儿童来说这种方法很形象，记住就是好办法啊。我经常看到一些文章说字源识字法，认为像桑这个字这样教不符合本意，但我觉得对于小学生来说，只要不认为这是象形文字，说一下这个字和桑树叶子很像，有什么关系呢？就像儿童的药大都在外面加一层甜味的成分，以为这样儿童就不知道药是苦的，其实是有点多虑了。

但今天的课堂中出现的问题倒不是文字的问题，而是这棵桑树上面有两颗红艳艳的桑葚，问题就来了，有个学生说："这个上面有桑葚！"其他几个也附和着说这是桑葚。桑葚学生熟悉啊，水果摊上卖得很多，现在看到它在树上的样子，能不激动吗？M老师只好不置可否，继续讲自己的内容。

但实际上，在一小段时间里，学生的注意力转移到了桑葚上。

更有意思的是，后面小M老师为了让学生理解"归来戴月光"中"戴"的感受，找了一个帽子给学生戴。但小M老师没有注意的是帽子比较鲜艳，于是一个孩子说："农民伯伯戴这样的帽子吗？"孩子的注意力于是转移到了谁应该戴什么帽子上，而对老师用心营造的"归"不是很关注，其实这个情境是好的，对孩子来说也适合。学生本身可以通过对"归"的理解，加深对农民干农活很迟回家的心理感受，从而打通生活经验和书本经验。但一个道具的不当，就会使学生的思维发生变化。

所以，学生的语言体系会受自身的经验体系和兴趣倾向的影响，而学生本身的经验或者兴趣会偏离语言交流的方向和内容，从而对课堂产生明显作用，这就提醒我们要了解学生。因为生活在城市里的孩子，对桑葚的熟悉程度和关注度更高。所以我们的本意是识字，但孩子关注的是好吃的东西，这个是优先级问题，在设计教学和日常的交流中，要真正站在孩子的角度思考。

孩子的语言不一定会遵从于引导。如果孩子有了自己的言语思路，他就会依据自己的思路发言。也就是说，孩子的语言是跳跃性的，并不一定遵循逻辑性。珍视孩子的自我语言，是语文教学值得关注的一个领域。尤其是在低段，孩子的背景知识差异很大，所以要很好地确认孩子的思维和语言起点，确认的主要方法是澄清孩子的问题，明确孩子语言的意义。

孩子需要的容易被我们忽略

　　兴趣一般分成直接兴趣和间接兴趣，成人以间接兴趣居多，所以成人更加关注的是事情的结果，而儿童一般以直接兴趣为主，更加关注的是过程。这种兴趣选择上的差异，往往会导致我们对儿童的一些行为产生误解，我们往往会分析事情的后果，然后告诉儿童这件事情不应该做，或者应该怎么做，当下次儿童再次做出同样错误的行为的时候，我们就容易怒不可遏。为什么会产生这样南辕北辙的结果？我们如果真要和儿童交流，不妨关注下儿童的直接兴趣，看看是否有可取代的，即使没有，我们也至少和儿童进行了一次有效的沟通。

【例2-6】为什么要去找阿姨

　　最近W同学打扰了好几次保洁阿姨。

　　第一次是W和几个同学一起，W同学故意去拍打窗户，发出了声音，影响了阿姨的休息（阿姨每天到校挺早，尤其是秋天和冬天，因为树叶多。中午学生活动的时候，保洁工作不能开展，她们会抓紧时间休息一会儿），自然被阿姨批评了。班主任知道了，也教育了他们要尊重保洁阿姨，他们也承认了自己的错误，说下次不打窗户了，我想，大约是孩子觉得比较好玩。

　　但第二天，他们又去拍打阿姨的窗户，老师问W同学，他说因为昨天被阿姨批评，想来想去觉得不服气，就又问了几位同学对这件事的看法。可能还有对"勇不勇敢"问题的讨论，好像是其中的一个同学用了点"激将法"，W同学禁不住，就又去了。照例被阿姨和老师批评，不允许屡次犯同一个错误，几乎是所有老师的"准则"。

没想到又过了几天，W他们第三次拍阿姨窗户，这次被阿姨抓了个现行，把W他们带到了我办公室。我和他们聊了聊，也和他们说不要再去打扰阿姨休息。但我脑海中不断浮现一个问题：不断地找阿姨，每次被抓住就道歉，说下次不拍了，然后过几天又重犯，不是正说明我们的教育无效吗？一件事情重复出现，就既不是巧合，也不会是一般的"激将法"后果。

我最后思考的结果，是觉得这件事情在教育的方向上，我们可能并没有解决孩子关注的东西。这件事情的背后，应该还有孩子的需求，就是孩子需要和人交流。在班级中，W因为很难找到朋友，所以他把目光转向了阿姨。因为这件事第一次发生了以后他明白，找阿姨聊天不一定能行，但只要去打扰阿姨，阿姨一定会追出来，有一天还追了两次。我们注重事情的结果，当然认为这个事情导致阿姨没休息好，要狠狠批评W。但W关注的就是追的过程，我怀疑他有一种和同伴"躲猫猫"的感觉，阿姨越追，他觉得越好玩，他可能关注的是打扰过程中的交流。做了这个分析以后，我提醒阿姨，下次W再来敲的时候，假装没听见，这个事情就会过去。过了一周后我问阿姨，阿姨说W确实不来了。但这样还不能从根本上解决问题，我和班主任分析了W的情况，希望她能更有意识地组织一下孩子的玩耍活动。

班主任给我的判断提供佐证的还有一件小事：有一次R同学和W一起犯了错误，W其实也是很会"撒谎"和"狡辩"的，单独一个人被批评的时候，如果老师没有拿出证据，他一定会不承认。但这次他没有狡辩，甚至还有一点自己主动承担的意思。我一听就明白了，W因为朋友不多，好不容易和R一起玩，怕R被老师批评后，R的家长会提醒和限制R同自己玩，为了维持与R的朋友关系，W故意说是自己做错了事情。

教育最好带着"游戏感"

曾看到过这样一个故事：联合国教科文组织曾经针对来自全球各国的208位教师做过一个有趣的问卷调查，说兄弟俩每天开车上学，但他们因好睡懒觉经常迟到。有一天上午考试，他们迟到了30分钟。教师查问原因，他们称汽车在路上爆胎，到维修店补胎误了时间。事后老师悄悄地检查了他们的汽车，发现四个轮胎没有被拆卸的痕迹，很明显他们说了谎。

问：假若你是这兄弟俩的老师，你会怎么处理？下面是不同国家的老师一般会采用的方法。

中国：一是当面进行严肃批评，责令其写出检讨；二是取消他们参加当年各种先进评比的资格；三是通知家长。

美国：幽他一默——对兄弟俩说，"假设今天上午不是考试而是吃冰淇淋和热狗，你们的车子就不会爆胎了，对吗？"

日本：把兄弟俩分开询问，对坦白者给予赞扬奖励，对坚持说谎者予以严厉处罚。

英国：小事一件，置之不理。

韩国：把真相告诉家长和全体学生，请家长对孩子严加监督，让全体学生讨论该事，并引以为戒。

新加坡：让他们自己打自己的嘴巴10下。

俄罗斯：给兄弟俩讲一个关于说谎有害的故事，然后问他们，近来有没有说过谎。

埃及：让他们给真主写信，叙述事情的真相。

巴西：半年内不准他们在学校踢足球。

以色列：提出三个问题，让兄弟俩分别在两个地方作答。你们的汽车爆的是哪个胎？你们在哪个维修店补胎？你们付了多少费用？两人的话出现偏差就是说谎的明证。

研究人员把这些方法翻译成不同的文字，让全球的学生投票选出他们最喜欢的处理方式。结果，91%的学生选择了以色列的处理方式。

为什么？因为这种批评教育方式既带有游戏性质，也让学生不会感到难堪。

【例2-7】 丢了"大拇指"的小Y

一年级孩子上学的第一天，老师给表现好的同学发了"大拇指"（类似点赞手势的一张贴纸），小Y同学因为表现不错，得到了一个。但放学的时候发现这个"大拇指"找不到了。小Y很着急，找了半天还是找不到。爸爸妈妈和S老师都说丢了就要自己负责任，于是小Y哭了，哭得很伤心。

从这个简单的描述中，我觉得爸爸妈妈和S老师都犯了一个错误：和孩子讲道理。我不是说不应该和孩子讲道理，而是说孩子现在需要的是什么？自己东西丢了她不难过吗？

请一定要注意情境，我们不是泛泛地讨论东西丢了怎么办，而是当下有几个特殊的情境，一是第一天上学，孩子会尤其小心，可能在心里她都想了好几遍怎么把"大拇指"交给父母。二是这是孩子努力的成果，她可能是积极发言，可能是遵守规则才得到的奖励，总之是有特殊意义的。

可惜的是，现在这个宝贵的"大拇指"丢了，怎么办？

我觉得，首先是要理解孩子的情绪。孩子丢了东西很着急，说明她很在乎，是正向的反应，这很正常。可以先满足孩子的想法，我的观点是S老师先借一个"大拇指"给孩子，下次找到了之前的就把借的还给老师。这个"借"，从孩子的角度看，是带着点游戏的意味的，孩子们都喜欢这种方式，而且她也会为此努力。这样孩子的情绪稳定了，再慢慢想办法。当然，如果再增加点游戏的色彩，可以让家长向老师"借"一个"大拇指"，让孩子在某个地方找到，如夹在书本中！

其次，我觉得要给孩子提供建议。请孩子思考一下："大拇指"应该怎么放？放哪里不会找不到？只要小孩自己有想法就同意她的想法，下次如果再丢，她再次想办法，一般不需要几次，她也就知道了怎么才不会丢，慢慢地孩子就会形成物体归位的习惯（原则上一样东西最好放在同一个位置，如把"大拇指"放笔袋中），这个习惯能够减轻孩子很多的认知负担。这件事情当然是培养孩子不丢东西意识的很好时机，结果却变成了"自己丢了东西自己负责"，孩子情绪不好，能力提升的契机丧失了，可惜！

那什么时候培养孩子"自己丢了东西自己负责"的理念呢？家长或者老师可以从无伤大雅的事情出发，如孩子丢了支笔，那这几天只能用其他笔替代，周末再去买。这样会给学习带来一些不方便，但孩子承受的压力不会太大。如果解决的事情的难度已经超过了孩子的承受能力，则最好先稳定孩子情绪。

如果家长和老师发现，自己认为是小事，孩子却对此反应很强烈，那恰恰说明，孩子前期面对更小的事情的时候，情绪没有得到稳定，能力没有得到培养。这是我们父母和老师应该思考的问题，而不是孩子。

1+2=3

第 **3** 章

发现孩子有方法

有一片田野 / 它位于是非对错的界域之外 /
我在那里等你 / 当灵魂躺卧在那片青草地上时 /
世界的丰盛 / 远超出能言的范围。
—— ［东罗马］莫拉维·贾拉鲁丁·鲁米

每个孩子都很优秀，只是优秀的地方不一样，但就像一般一种试剂只能鉴别一种物质，发现孩子的多面性是不容易的，孩子的复杂性远远超过任何的测试对象，并且我们手上有时候还缺少试剂，因此发现孩子的闪光点就成了一件很不容易的事情。

孙老师在杭州一所热门公办小学教科学，有20年的教龄，这周竟然被一个三年级小朋友问傻了！有个学生拿着白蜡烛偷偷问："老师，这是什么？" 在另一个班，孙老师指着蜡烛问全班："有没有人知道这是什么？" 她发现班里95%的同学不认识白蜡烛。[1]

可见，有时候发现是在很细微的地方，当然，有时候发现也出现在令人奇怪的地方。如果是在无意的情况下，可能显示出孩子的一些禀赋。

英国著名数学家詹姆斯·克拉克·麦克斯韦小的时候，父亲让他学画画。但是父亲发现，小家伙无论是画花瓶还是人物，都是几何图形，所以便猜测，孩子应该更喜欢数学。果然，麦克斯韦一接触数学便爱上了。

---

[1] 沈蒙和. 全班95%孩子不认识白蜡烛，老师傻眼：课本落伍了？ [N]. 钱江晚报，2018-12-20.

无独有偶，著名的华裔设计师吴季刚在小时候钟情于给玩具芭比娃娃穿裙子，他的妈妈判断孩子可能对服装有兴趣。

如果前面一个孩子喜欢数学大家能够接受的话，则后面一个喜欢芭比娃娃的男孩估计会受到很大压力，尤其是很多好心人肯定会提出很多"建议"。我估计如果我们身边的男孩子整天热衷于给芭比娃娃穿裙子，家长和老师一定会很焦虑，认为他不对劲，竭力阻止他的这一爱好，所以，发现后对孩子理解更加重要，从不同的角度，看到的是不同的世界。我们很难保证一定能够发现孩子的兴趣并理解孩子，但我们可以做到从不同角度思考孩子的禀赋和发展方向，让更多的孩子发展得更好。

当然，有时候的发现可能需要很长的时间，甚至需要不断地试错。

德国化学家奥托·瓦拉赫读中学时，他的父母为他选择的是一条文学之路，不料一个学期下来，老师为他写下了这样的评语："瓦拉赫很用功，但过分呆板，这样的人绝不可能在文学上有所成就。"

父母又让他改学油画。可瓦拉赫既不会构图，又不会调色，艺术理解力也不强，成绩在班上倒数第一。学校的评语更是让人难以接受："你在绘画艺术上是不可造就之才。"

面对如此笨拙的学生，大部分老师认为他成才无望。而化学老师认为他做事一丝不苟，具备做化学实验应有的品质，建议他改学化学。于是，瓦拉赫的智慧火花在化学领域之中被点燃，化学成绩在同学当中遥遥领先。沿着这条路，他居然成了伟大的化学家，获得了诺贝尔化学奖。

因此，对于发现孩子的优势，我们要尤其关注以下三个特别：

特别喜欢。儿童如果对某类事物产生兴趣，那它不是儿童的"菜"就是儿童的"药"。如特别喜欢图画，特别喜欢写字，特别喜欢搭车模（不喜欢其他模型）。而且这种特别喜欢，与其他儿童相比，或和自己其他行为相比显得十分突出。

特别敏感。儿童对某些事物表现出特别的敏感。如一听到音乐便会专心致志地听（对其他声音则不一定关注）；一听到某类书出版便会想购买（如关于鸟类的书，对其他动物则不一定十分有兴趣）。这种敏感与其他行为相比显得十分专一。

特别持久。一般儿童对事物的喜爱是很难持久的，但对某些事物会锲而不舍地探索。如专门喜欢钻研机械（不停地拆装）等。此外，持久还表现为会不厌其烦地询问某一领域的问题，甚至达到了专业人士都回答不出来的认知水平。

第一节　观察：日常的教育判断

观察，也就是"观其行"，这是最简单也是最重要的方法。居里夫人的女儿曾把观察誉为"学者的第一美德"，条件反射理论的提出者巴甫洛夫一直把"观察，观察，再观察"作为座右铭，并告诫学生"不学会观察，你就永远当不了科学家"。

观察更是教师专业性的体现，教育，必须先读懂孩子，了解孩子，才能因材施教。教师需要在日常接触中借助技术手段辨识学生的行为，回应学生的各种需求，这种回应包括即时回应和基于数据分析后的回应。通过观察对所获得的数据进行解读，或者在数据沉淀的基础上赋予教育理念，从中寻找教育契机以更好地促进学生发展，是每一位教师的责任。

通过观察孩子，教师可以发现孩子成长过程中的规律，在日常教学中更好地了解孩子，对孩子进行正确的定位，从而为孩子的成长提供更为有效的支持和助力。"面向每一个孩子的成长"，就不是一句口号，而是身体力行的教育实践。

20世纪80年代，杭州市天长小学在开展"小学生最优发展综合实验"的时候，就对一个习作总是在规定时间完不成的困难学生进行过长时间的观察，最后，老师们发现，这个学生习作完不成的原因是写字慢，而不是其他的推测原因。经过一个学期的专项写字练习，学生的写字速度加快了，习作水平自然也实现了飞跃。[①]

观察的方法有很多，有参与性观察法和非参与性观察法、时间取样观察法和事件取样观察法……下面选用两种容易理解和操作的方法：结构性观察法和非结构性观察法。结构性观察法是观察者事先确定观察样本和观察项目，并设计记录观察结果的指标。结构性观察法建立在对所观察的事物深入了解的基础上，并设计严格的记录表格，对资料进行准确的分类、记录、编码，所得的资料可做定量分析，因而又叫定量观察。非结构性观察无既定不变的观察提纲，也无具体的观察工具规定，只有观察思路，研究者在观察过程中尽可能详细地对观察对象的表现做原原本本的记录，还可对观察对象的表现及当时的情景做具体描述，由于它不追求量的确定，所以也可叫定性观察。

赋予教育意义：发现不一样的学生

赋予教育意义的基础是理解学生，理解学生不是一件简单的

---

① 杭州市天长小学，杭州大学教育系综合实验组 . 整体优化教育的理论与实践 [M]. 杭州：浙江教育出版社，1991.

事，因为每一个学生都是一个复杂的世界。如果我们仅凭经验就对孩子做出判断，那么真正的教育就不会产生。

让我们重温那篇给予无数人启迪也让无数老师热泪盈眶的《老师的启示》的文章："许多年前，汤姆逊老师对着她五年级的学生撒了一个谎，说她会平等地爱每一个孩子。但这是不可能的，因为前排坐着泰迪·史塔特——一个邋遢而且上课不专心的小男孩。事实上，汤姆逊老师很喜欢用粗红笔在泰迪的考卷上画一个大大的叉，然后在最上面写个'不及格'！"

一天汤姆逊老师查看了每个学生以前的学习记录表，泰迪之前的老师给的评语让她十分惊奇。

一年级老师写道："泰迪是个聪明的孩子，永远面带笑容，他的作业很整洁，很有礼貌，他让周围的人很快乐！"

二年级老师说："泰迪很优秀，很受同学欢迎。但他的母亲罹患了绝症，他很担心，家里生活一定不好过！"

三年级老师："对于母亲的过世，泰迪一定很难过，他努力表现但父亲总不在意。若父亲不改变，家庭生活将严重打击泰迪。"

四年级老师："泰迪开始退步，对作业不感兴趣，没有什么朋友，有时在课堂上睡觉。"

直到此刻，汤姆逊老师才了解泰迪的情况，并为自己从前对泰迪的态度深感羞愧……后来的故事我们都知道了，但值得我们思考的是：如果汤姆逊老师不去了解这些基本的情况，他的做法又会对泰迪产生怎样的影响？

教育很重要的特征是长期性，对于父母或教育者来说，这种长期性其实是要和持续的观察相匹配的。小学一般会换两到三个老师，也有一直从一年级教到六年级的，两者各有利弊，从匹配性来说，肯定是换两到三个老师对学生更加有利，因为老师如果匹配得好，班级的问题不大，若匹配不合适就麻烦了，换老师则可以改善这一问题。但从持续性来说，肯定是一直教的老师对学生的了解更加深入，尤其是班主任，在和学生六年的相处中，班主任对各个学生学习、生活层面的了解是很深入的。

【例3-1】涂黑的笔记本

工作大约到第五年的时候，我遇到了一个学习比较落后的同学，我称呼他为小W吧！他住在学校的旁边，没接触几天，我就发现他最明显的标志有两条：一是每次上课总是满头大汗地跑进来，还自诩为"蒸笼头"；二是长着胖嘟嘟的脸。不用说，学习也是吃力的，好在至少还能得70分吧。但我刚工作不久，总以为教育是万能的，想对他提高要求。

一天早上（具体的时间忘记了，因为那实在是一个普通的早晨），同学们交完作业后，我兴冲冲地把作业捧到办公室，但打开小W的作业，气就不打一处来，他本子上的一页几乎用铅笔涂黑了，——我确实没看到过这样的行为，我本能地以为，这是一个调皮的行为。一瞬间，确实只有一瞬间，我很有把这个学生找来训一顿的冲动，但很快，对教育的探索占据了我的大脑。我非常平和地找来小W，摆出一副宽宏大量的样子，问小W同学这是怎么回事。

"老师，"他的回答几乎令我晕倒，"昨天晚上写作业的时候，没写几个字，圆珠笔芯就没墨了，爸爸也不在，没法马上给我买，我怕迟了完不成作业，就用这支圆珠笔完成了作业，但字迹很淡（其实是几乎没有），我怕你看不清楚，想了半天，就用铅笔涂黑，这样圆珠笔的印记就显示出来了！"

我非常惭愧但又十分幸庆，看到这样的作业，我感觉我们都会做出直接的判断继而要批评孩子。但我实在没想到是这么回事，按照小W做这件事情的初心，其中的每一个细节都在传递正能量：怕父亲回来太迟还要去买笔是孝心，按时完成作业是勤学，怕老师看不清楚是尊重老师，能用自己的智慧解决问题叫聪明。

作为教育者，我们确实要感谢学生，正是学生在提醒我们什么是教育。

如果我们没有关注到这些教育事件背后的东西，显然很难看到真正的教育。如果没有对事件背后问题的询问，又怎能做出适切的判断？

教育是最为复杂的事情，按照系统论的观点，这种复杂确实有时候只能"具体问题具体分析"。

换个视角：老师总是有办法

业界关于教师专业性的理论说得很多了，也有很多相关的文章，但我觉得最简明扼要的方法还是类比。为什么说医生更具有专业性？我觉得医生的专业性大约体现在以下三个方面：第一是医生在身体方面的知识知道得比我们多。我们生病到医院，医生根据我们的情况诊断，马上就可以确定我们得了什么病，然后药到病除。第二是医生的分工很明确，对于一般的病，譬如感冒，我估计所有的医生都能看，算是基本医学诊断吧！但一旦病人的情况具体化，或者看了一次没有见效，医生采用的办法肯定是会诊，或者说再次更加仔细地诊断，明确该去看的科，不会出现眼科的病在骨科医生这里看的情况。第三是医生会根据病情提出不同的诊疗方案，这些方案对有些病人可以立即见效，而对有些病人需要长期治疗才能取得效果。

然后，我们来看现在教育的情况：我们缺少诊断的办法，不同学科老师都在看"感冒"（譬如学生的不仔细问题），但没有"专科门诊"（语文和数学上的不仔细是否一样），也没有"专家门诊"（不同年级的不仔细具体有哪些表现）。同时，很多教育的办法，往往不可以重复使用。这样的教育现状，离实现专业化确实还有很长的路，重要的是要走科学化之路。当然，从很多优秀的老师身上，我们可以看到很多的"办法"和"诊断"，一位老师的"诊断"对准学生的"症状"了，"办法"适应性强了，基本上面对不同的学生，也就有了"处方"。对不同的学生，有不同的"招"，能因材施教，是一位优秀教师的基本标志。

【例3-2】陆老师：孩子心中的"女王" [1]

陆白琦，这位33岁的英语教师兼班主任，没有什么太过显赫的荣誉。她唯一醉心的，就是她的班级，她的教室。

在这个多元共生、众声喧哗的社会里，一个班级的复杂程度远远超过人的想象。再复杂，她也不怕，她会"强势"介入，因为她要看到改变，不想班级平庸。

然而，一个班级，不是你想改变就能改变的。有些改变是"威权"下的改变，有些改变是"软磨硬泡"后的改变……一旦班主任不在场，一旦班级"消失"，这些改变就会变本加厉地反弹。那么，她是怎么改变的？

她的教室里也有要求，有规则，有批评，有惩罚……每个孩子竟然都很享受；同时，她的教室里洋溢着热情，有拥抱，有平等的讨论，有艺术的介入，有层出不穷的新鲜的精神生活。

现在的课堂教育，有着复杂的时代、体制、文化背景，单一的方法可能并不管用。作为班主任，或许因为对孩子有着天生的敏感，她总是将教育的方法、节奏运用得灵活而恰到好处。

一位年轻的班主任老师，为什么能对学生产生如此大的影响力？那是因为陆白琦老师会观察孩子，懂孩子。和她聊天，总能听到她这样的话：

他就是被惯坏的，他习惯懒惰了。

你别看他很有观点很有个性的样子，实际上他很脆弱，他对

---

[1] 蒋军晶.一间教室竟可以如此光辉灿烂 [J]. 当代教育家，2014（09）.

别人的意见很敏感。他希望得到别人的认同，但是，在行为上，他总是反着做。

其实，他是个很善良的孩子，他牛脾气来的时候，你千万别跟他顶着，过了那一分钟，就好了。

她学习确实很好，很自觉，但是她对班级的事情不热心，这种自私让她交不到朋友。

他对数字就是记不住啊，但是他画画有天赋，特别愿意帮助别人。

你不骂他，他根本不会在乎你的意见。

她们现在就是青春期的盲目与躁动。

……

她观察了以后，读懂了以后，不是为了区分好坏，在她眼里，孩子只有不同的特点。她观察，她分析，只是为自己的教育提供相对准确的起点："我刚才已经看了很久了，这张纸片在地上停留了足足有三分钟，某某，某某，某某走过去毫无反应，可张某某过去很自然地把这张纸捡了起来，他是把这个教室当作自己的家了，他希望这个家永远是干干净净的。我真为有这样的学生感到骄傲。他的成绩可能是欠缺点，可是，他身上的品质，你们很多人都没有……"

第二节　问卷：透过调查看到"人"

问卷调查法由英国的心理学家高尔顿创立，高尔顿受到表兄达尔文进化论的影响，决心研究人类的遗传变异问题，于1882年在英国伦敦设立人类学调查实验室。因为研究需要搜集反映人类生理特征和心理特征的大量数据，高尔顿觉得——找人访谈调查相当费时费钱，于是就把需要调查的问题印成问卷寄发出去，没想到取得了意想不到的效果，这种方法也很快流传到了世界各地。

问卷法对一般的研究者来说具有很强的操作性，也为大家所常用。它比较明显的优点有以下两点：一是不太受地域的限制，在现代信息技术的辅助下，操作就更为简便；二是适合大样本和大数据统计，尤其是在比较短的时间内，就可以完成大样本统计。

使用问卷法需要注意问卷的科学性，这一点在设计时比较难把握，所以要选择比较权威的调查问卷。如果是自己设计的问卷，则可进行一些小范围的试做和修正。同时，答卷人的认真程度也会影响问卷的效果。问卷中一般都会设置一些反向题目，以此判断答卷人的认真程度。

数据是会说话的

调查数据的背后有很多的意义。如一个学生的成绩是85分，我们挖掘这个数据的背后，发现它是会"说话"的：这个孩子哪些题是对的，哪些题是错的？错的选项是错在全错项还是歧义项（一般选择题有四个选项，一个是正确答案，一个是完全错误的答案，两个是模棱两可的歧义项）？是否修改过一些答案？是修改对了还是修改错了？……配合信息技术，我们还能知道更多的信息：每一道题目学生花的时间是多长？试卷是完全按照顺序还是有选择性地做的？花费时间最长的是哪道题？……

【例3-3】为什么要关注交往？

曾任哈佛大学教育研究院教授的凯瑟琳·斯诺十分关注儿童的词汇。她指出，早期的阅读对儿童词汇量的增加有很大的帮助，而且也直接影响了儿童以后的阅读成绩。每个孩子对词汇的认知和理解都是有差异的。因为词汇的意义是阅读理解的核心所在，阅读差距也一直伴随着孩子的成长。

词汇是认识真实世界的一个指标，当孩子没有太多的词汇时，他们对真实的世界的认识并不全面，而有机会在早期接触丰富词汇的孩子，也更早接触到世界；而没有机会去接触太多词汇的孩子，在童年时期就可能落后于前者。

孩子在不同的社会经济条件下，不同家庭中，对词汇学习程度的不同，词汇掌握程度的不同，以及语言环境的不同等等，都预示着孩子的学业是否成功。所以我们应该重视高级语言能力和丰富的词汇给孩子带来的影响。

词汇不只是语言水平的表现，更是对真实世界的认识和理解。孩子在得到了概念性的知识之后，便了解了真实的世界是什么样子的。要培养孩子从知道到希望知道，到建议，到讨论词语的能力。所以在教育的过程中，教词汇不教概念性的知识是可以的，但是不可以不教词汇。

语言水平较高的家庭，孩子和家长间会有很多的交流，讨论话题的质量也很高，家长会回应孩子的问题，之后和孩子展开讨论。讨论的形式也可以多样化，比如对不同的词汇，可以用不一样的形式展开讨论，拓展与孩子讨论话题的范围。

1995年，美国人类学家贝蒂·哈特和托德·雷斯利开启了著名的"3000万字差距"的调查。这项研究费时两年半，跟踪调查了42个家庭，记录了每个家庭中父母和孩子间的对话。最后得出的结论是：出生在贫困家庭的孩子到4岁时，与出生在较富裕家庭的同龄孩子相比，会少听到3000万个英语单词。研究结束时的测试显示，贫困家庭孩子的平均智商是79，而富裕家庭的孩子平均智商是117。在孩子们10岁时，贝蒂和托德对他们进行回访时发现：那些词汇量大的孩子学习成绩也更好。

　　不同的社会经济群体，对教育的价值观念是不同的，中产阶级以上的家庭会更加重视孩子的人际交流。我们来看一下杭州市天长小学2007年家长学历结构及职业结构（如图3-1、图3-2所示）。

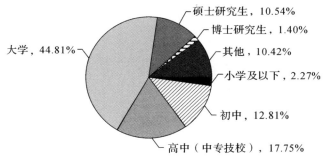

图 3-1　杭州市天长小学学生家长学历结构

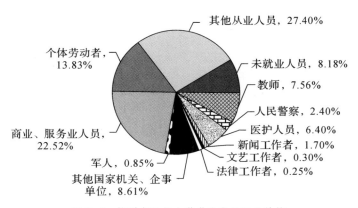

图 3-2　杭州市天长小学学生家长职业结构

最近几年，我们根据对家长的大量数据分析，将差异教育的研究重心倾向于人际交往，因为国内外的研究提醒我们：不同的社会经济群体，对教育的价值观念是不同的，中产阶级以上的家庭会更加重视孩子的人际交流。

设计问卷不容易

设计问卷不是一件容易的事情，要考虑很多因素，比较权威的《问卷设计手册》[①]一书中指出设计问卷时重点要思考的问题有：

1.这个问题是对应调研目标中的哪个细分目标——反思问题是否偏离研究主题；

2.我们想要询问的受访者是谁——反思看到题目的受访者是不是我们想要的那批人；

3.我们想问什么/受访者对问题的直观理解是否和我们预想的一致——反思题目中的概念/术语表达是否清晰、问题中是否包含了两个或更多的回答客体；

4.我们是否限定了时间段、场合、工具——反思题目中是否给了明确的限定，以获取更准确的回答；

5.问题的前后题目是否影响受访者对该题目的理解——反思问题的语境；

6.问题的选项是否全面、是否重复/互相包含、选项的表达逻

---

① 诺曼·布拉德伯恩，希摩·萨德曼，布莱恩·万辛克.问卷设计手册[M].赵锋，译.重庆：重庆大学出版社，2011.

辑是否一致；

7.如果是量表问题，量表或量级测量等级数是否合理，从最低还是最高开始排列？

总之，要时刻想着我们的研究目标，检查问题与目标的关联性。

总的来说，调查问卷中询问行为或事实相关问题时，我们需要明确是在问谁的行为（是受访者个人还是他的家人），发生的时间具体是什么时间段，最好明确说明起止点（表述为"过去的两个星期"和"过去的14天"，受访者对此可能会有不同的理解）。非常重要的事件要选择更长的时间段：例如一生中仅发生一次的事情。如果是低显要度的事情，选择两星期到一个月的时间段来考察是恰当的；对中等显要度的行为，选择一至三个月的时间最常规。概要性的信息需要选取更长的时间段，如总的医疗费用、度假支出、过去一年的收入等。

在这类问题中，我们也需要考虑问题是否有威胁性或问题是否会让受访者从中感受到社会期许，例如受访者会认为"有借书证"等同于"热爱读书"，"酗酒"是非常不好的行为等，进而在回答时有所美化或隐瞒。对于存在这些可能的问题，我们可以通过更通俗地表达，问发生在过去的行为等方式来尽量获取更接近真实的回答。

调查问卷在涉及与行为次数有关的问题时，需注意受访者在回答行为次数问题时并不会计算一个个事件，而是根据自己的记忆给出一个估计值。总体来说，当一个事件发生的次数超过五次时，受访者就更可能去估算，而不是计数。如果行为的发生是有规律或频次相近的，那么估计产生的答案比计数更加精确。如果行为的发生是经常的，无规律的，且相对不那么重要的，对于短期内的问题，受访者会简单计数。对于较长时期的问题，则受访者会先计算短期内发生的次数，然后再根据这个比率计算出答案。

在对待态度或行为意图相关的问题方面，问态度的问题相比行为问题更难确定什么才是我们想要了解的，因为态度的客体通常更含糊不清。即使在题目中有非常明确的测量对象，也需要留意问题提出时的语境。对此，我们需要非常有深度的思考和清晰的表达，最好通过认知访谈等方式来获得受访者的陈述，也可以通过前测问卷（正式投放之前的测试）来测验。

关于态度。例如关于"赞同"和"喜欢"的例子，"您喜欢不喜欢××"和"您赞同不赞同××"得到的回答是会有差别的——当然，对于持强烈态度的回答人比持温和态度的回答人，更少受到这种措辞的影响。

在询问事件发生的可能性上，例如"在下次社团报名中，您会报乒乓球吗？"如果选项设计为"会"和"不会"，那么得到的结论可能会不够准确（因为会有些不确定的人，被迫做了选择）；而如果将选项设置为1～10分的可能性范围，则会更精确。还有一个解决方案是，问两种不同类型的可能性问题，例如问完"下次社团报名学乒乓球的可能性有多大？"紧接着问"如果班级中一半同学报名学乒乓球，下次您有多大的可能性学乒乓球？"将两个可能性问题的回答关联起来可以得到一个更准确的估计范围。

【例3-4】普鲁斯特问卷

马塞尔·普鲁斯特是位作家，并不是这份问卷的发明者。他在13岁和20岁的时候分别做了一次问卷调查，两者答案有很大的不同，后来研究普鲁斯特的人士还以此为依据来分析一个作家成长的变化。

通过回答该问卷，答卷者能较为全面地了解自己的价值观、兴趣爱好及特质。

1.你认为最完美的快乐是怎样的？

2.你最希望拥有哪种才华？

3.你最恐惧的是什么？

4.你目前的心境怎样？

5.还在世的人中你最钦佩的是谁？

6.你认为自己最伟大的成就是什么？

7.你自己的哪个特点让你最痛恨？

8.你最喜欢的旅行是哪一次？

9.你最痛恨别人的什么特点？

10.你最珍惜的财产是什么？

11.你最奢侈的东西是什么？

12.你认为程度最浅的痛苦是什么？

13.你认为哪种美德是被过高地评估的？

14.你最喜欢的职业是什么？

15.你对自己的外表哪一点不满意？

16.你最后悔的事情是什么？

17.还在世的人中你最鄙视的是谁？

18.你最喜欢男性身上的什么品质？

19.你使用过的最多的单词或者是词语是什么？

20.你最喜欢女性身上的什么品质？

21.让你最伤痛的事是什么？

22.你最看重朋友的什么特点？

23.你这一生中最爱的人或东西是什么？

24.你希望以什么样的方式死去？

25.何时何地让你感觉到最快乐？

26.如果你可以改变你的家庭发生过的一件事，那会是什么？

27.如果你能选择的话，你希望让什么重现？

28.你的座右铭是什么？

29.你喜欢在哪儿生活？

30.你认为现实中的幸福是怎样的？

31.哪一种错误你觉得是最可以被纵容的？

32.虚构人物中你认为谁是英雄？

33.你最欣赏的历史人物是谁？

34.现实中最欣赏的女性是谁？

35.你欣赏的小说中的女主角是谁？

36.你最希望拥有的是什么？

37.你最希望成为谁那样的人？

38.你最显著的特质是什么？

39.你最想成为什么？

40.你天性中的缺点是什么？

41.你最想在哪个国家生活？

42.你欣赏的小说中的男主角是谁？

43.你最珍惜的东西是什么？

44.觉得自己最有底气最自豪的能力是什么？

45.你身上有没有典型的星座特征？

46.什么是你最不喜欢的？

【普鲁斯特13岁的答案】

1.你认为程度最浅的痛苦是什么？（和妈妈分开。）

2.你喜欢在哪儿生活？（我的理想国。）

3.你认为现实中的幸福是怎样的？（活在那些我爱的事物当中，包括美丽的大自然，拥有大量的书籍和音乐，不远处有一家法国剧院。）

4.哪一种错误你觉得是最可以被纵容的？（失去工作。）

5.虚构人物中你认为谁是英雄？（那些浪漫而有诗意的，对思想的表达远胜过对现实的虚构的。）

6.你最欣赏的历史人物是谁？（苏格拉底、伯里克利、穆罕默德、小普林尼和奥古斯丁的混合体。）

7.现实中最欣赏的女性是谁？（有天分却过着平常生活的

女人。）

8.你欣赏的小说中的女主角是谁？（那些非常有女性气质，非常柔弱、纯洁、任何一面都非常美的女子。）

9.你最喜欢男性身上的什么品质？（智慧、有道德。）

10.你最喜欢女性身上的什么品质？（温柔、自然、聪明。）

11.你最希望拥有哪种才华？（阅读、做梦和写诗。）

12.你最希望成为谁那样的人？（如果非要说的话，我希望是小普林尼。）

【普鲁斯特20岁的答案】

1.你最显著的特质是什么？（渴望被爱，或者说，希望被关怀、被溺爱胜过被钦佩和赞赏。）

2.你最喜欢男性身上的什么品质？（有着男性的美德，在友谊中率直、真诚。）

3.你最喜欢女性身上的什么品质？（温柔的、女性的迷人气质，阴柔的吸引力。）

4.你最看重朋友的什么特点？（敏感，倘若他们对我具有某种吸引力，那他们的敏感就是我需要的。）

5.你天性中的缺点是什么？（缺乏理解能力，意志力不强。）

6.你认为最完美的快乐是怎样的？（没有，恐怕那是一种很崇高的东西，我还没有勇气来说它到底是什么样子的。假使敢于表达，恐怕在说出来的那一刻，就已经破坏了它。）

7.让你最伤痛的事是什么？（从未见过我的母亲与我的

祖母。）

8.你最想成为什么？（我自己，就如那些赞赏我的人希望我成为的那种人。）

9.你最想在哪个国家生活？（在那里，敏感温柔的情感总是可以得到回应。）

10.你欣赏的小说中的男主角是谁？（哈姆雷特。）

11.什么是你最不喜欢的？（我自己最糟糕的品质。）

12.你最希望拥有哪种才华？（意志力强与难以抗拒的吸引力。）

13.你觉得哪一种错误是最可以被原谅的？（那些我可以理解的错误。）

14.你的座右铭是什么？（我宁愿不说，担心那会带给我坏运气。）

第三节　访谈：准确追问司空见惯的答案

　　我们要明白提问的目的，是发现儿童的想法，而不是加强教师已有的思想或检验儿童习得了多少知识。

　　提问的种类包括四种：开放性问题、深入探究儿童思维的问题、澄清和聚焦想法的问题、联系儿童经验或想法的问题。如关于"鸟"的提问："这只鸟叫什么名字？鸟全身的羽毛是什么颜色的？你家里养过鸟吗？……"这些问题是封闭式的，没有试图去发现儿童的先前知识和经验。不同关于"鸟"的提问会有不同的效果：从这幅图中可以看到森林里发生了什么？如果这时你也在森林中你会干什么？平时我们和鸟有什么关系？这些开放式问题可以帮助儿童积极思考，有利于教师发现儿童的想象力、解决问题的能力、将先前知识运用到操作中的能力以及学习的能力。

　　维特根斯坦说："我的语言的界限意味着世界的界限。"[①]对

---

① 维特根斯坦．维特根斯坦选读 [M]．陈嘉映，主编／主译．北京：商务印书馆，2023：100.

儿童来说更是如此，儿童的语言就是儿童的世界。

孩子一直在思考

有些孩子经常会问一些稀奇古怪的问题，把家长都问烦了。但是，如果我们不重视孩子的问题，孩子可能慢慢地就不想和家长说话了。

马克·吐温说："每当你发现自己站在多数人一边时，你就该停下来思考了。"这句话的潜台词就是在成人世界里，其实很多时候，大家是缺少独立思考的。《乌合之众》里有段话说得更加明白："个人一旦成为群体的一员，他的智力会立即大大下降。"[1]但孩子不一样，他一直在独立思考，而且表达了出来。

【例3-5】探究性和破坏性怎么确认？

记录了小W最近的两件事情，可能几十年后我们回过头来看会觉得很有意思。

有一天我发现小W的桌子上有一杯水，仔细一看，不对啊，水里面怎么会有粉笔呢？小W这样做已经很长时间了，最早是把粉笔弄成糊状，称其为"大便水泥"，因为我和他说不要弄了，他也就不弄了。但今天他突发奇想把粉笔放在水杯里是什么意思呢？

我："为什么把粉笔放在水杯里？"（实事求是地说，对他的回答我也不抱太大希望）

---

① 勒庞.乌合之众 [M].宇琦，译.长沙：湖南文艺出版社，2011：31.

W："我看到粉笔在水里会冒泡，像汽水一样，这是我自制的汽水。"

我一时愣住了，想了一想问他："这个是会冒泡的，那你喝了没有？"

W："喝了一口。"

我："味道怎么样？"

W："味道很差。"

我："那这一杯水怎么办？"

W："等下我去倒掉。"

从此之后，W同学就不再玩粉笔了。是对粉笔的探究已经结束？用口唇期理论来解释的话，说明他小时候的一些期待没有得到满足？

过了没两天，又有一件事情发生了。

我中午到教室的时候，发现小W满嘴都是蓝色的墨水。

我走上前仔细一看，只见他很用力地用嘴把水笔的头咬下来，把头和管子分成了两堆，每堆都有五六个的样子。相信每个人看了这样的场景，都会气不打一处来。

我："你在干什么？"

W："我要做一个'蓝色的海洋'。"

我："什么海洋？怎么做？"

W："我上次把水笔放在水池里，看到水池里的水都变成蓝色了，我想把水笔都放到厕所水槽里，就是蓝色的海洋……"

我：……

下午我一看"蓝色海洋"的材料都不在了，就问："你的东西呢？"

W："被你发现了，我就扔掉了！"

如果是我刚当老师的时候，听到这话一定会很高兴，因为我都没有下指令，学生就能自己处理好事情。但现在我想：如果这是学生自主的尝试，那从什么时候开始老师的权威体现在了限制学生和控制学生的一些尝试方面？

为什么孩子失去了创新精神

孩子是充满创造性的，陶行知先生就非常重视儿童的创造性。陶先生认为，小孩子聪明得很，小孩子中有许多瓦特、牛顿、爱迪生，因而他反对剥夺儿童自由，反对教师越俎代庖，认为这是教学中的大错。陶行知先生说要给儿童"六大解放"：解放儿童的头脑，使他们可以想。解放儿童的眼睛，使他们可以看。解放儿童的嘴巴，使他们可以谈。解放儿童的双手，使他们可以玩、可以干。解放儿童的时间，使他们的生命不会被稻草塞满。解放儿童的空间，让他们的歌声可以在宇宙中飘荡。[①]

儿童的创造力表现在生活、学习和游戏中，他们通常会对一些看似平淡无奇的事物产生浓厚的兴趣。动物、植物和周围的事物都能引发他们的奇思妙想，都能成为激发他们创造灵感的源泉，在亲自观察、触摸、探索周围环境的过程中，他们逐渐体会

---

① 陶知行.诗的学校：陶行知儿童文学选读[M].李燕，选编.南京：东南大学出版社，2022：149.

着探索创造的乐趣。他们不仅仅单纯专注于创作的过程，更在创作中自由地表达自己的想法。

【例3-6】玩冰的孩子

前不久的一天早上，天气很冷，假山前的水池结了冰，我走出去的时候，刚好是第二节课下课时间，一群孩子在水池前玩冰。当然我的第一反应就是注意安全啊！其实，我们在德国参观学校的时候，看到很多孩子都是在雪地里满世界地玩。有一次我了解到，一所小学还特意修建了一座"城门"，孩子可以爬上爬下，并没有老师管，也没有提醒"安全隐患"的牌子。因为在规避掉安全的同时，也规避掉了很多学生的成长机会。

我走过去，刚想提醒孩子们注意安全，这个时候一个孩子跑过来，很认真地举着一块冰问："校长，为什么水会结冰呢？"我知道他是一班的，就说，"那你可以去问下邱老师（一班班主任）"。我走到水池前发现，好几个孩子都踩在冰面上，好在水池早就放掉了大量的水，现在留下的水并不会产生危险。我想到等下学生的脚可能会冷，但我更加想到，孩子冒着踩冰会被批评的风险也要去玩，这是一个多大的诱惑啊！

我请他们注意不要将水弄到鞋子里，然后没有再说其他的话，我在旁边看着，他们就继续玩。我想到我们的综合实践、探究学习为什么推进了这么长的时间，在每个学校的日常实践中还是进程缓慢，因为我们在孩子真正开始探究、开始综合学习的时候，就阻止了他们的尝试和探索。玩冰，就是最好的自主、合作、探究的学习啊，首先是自主，孩子们都是自主地发现，然后在课下互相传播信息后聚集到水池边；其次是合作，三三两两的孩子边玩边笑，边玩边交流，不就是最好的合作吗？探究也有，前面那个小孩子在玩的过程中就在思考"水为什么会结成冰？"所以，孩子们在玩冰，好像有点浪费时间，有些安全隐患，但对其综合能力的提升，其实起到了很大作用。

第四节　图画：隐藏着孩子的诉说

　　儿童画有很强的心理研读价值，很多儿童用语言不能倾诉或者表达的意思，会通过画呈现出来。而且，这是更加丰富和多元的呈现，值得我们关注和解读。当然，解读也有可能是不全面的。

　　儿童画是儿童情绪的镜子，反映了儿童的情感，从儿童画中可以看出一些儿童的自我特征，儿童绘画是有投射意义的。投射是弗洛伊德提出的人类心理防御机制中的一种，是人们会不自觉地将自己的思想、态度、愿望、情绪、性格等个性特征反映到外界事物的一种心理表现，这些心理也许无法言说，但会通过绘画等方式不自觉地表露出来。

关系：体现在人际距离

　　交往双方的人际关系以及所处情境决定着相互间自我空间的

范围。美国人类学家爱德华·霍尔博士认为人们的个体空间需求大体上可分为四种距离：公共距离、社交距离、个人距离、亲密距离。

公共距离：可以是3米以上。一般适用于演讲者与听众、彼此较为生疏的交谈及非正式的场合。在商务活动中，根据其活动的对象和目的，选择和保持合适的距离是极为重要的。

社交距离：1米到3米之间，就像隔一张办公桌那样。一般工作场合中的人们多采用这种距离交谈，在小型招待会上，与没有过多交往的人打招呼也可采用此距离。

个人距离：0.5米到1米之间，一伸手就能碰到对方的距离，适用于虽然认识但是没有特别亲密的关系。这是在进行非正式的个人交谈时最经常保持的距离。和人谈话时，不可站得太近，一般保持在0.5米以外为宜。

亲密距离：0.5米以内，一般是亲人、很熟的朋友、情侣和夫妻才会有的距离。当无权进入亲密距离的人闯入这个范围时，会令对方感到不安。

心理学家研究表明，同样的亲密关系情况下，性格内向的人比性格外向的人保持距离较远些，异性谈话比同性相距远一点，两个女人谈话时会比两个男人谈话挨得更近些。

【例3-7】座位：一个简单的示意图也有很多信息

2015年的时候，我做了很多关于儿童交往的思考和研究，但真正理解儿童交往是在一次旅途中。在旅途中我发现，有一户一家三口坐位置的方式和一般的一家三口有些区别，一般这样的家庭三个人会坐在一起，如果孩子还小就坐在中间，便于父母协同照顾。如果孩子已经长大了，则坐在亲近的父母一侧，也就是说如果和父亲平时亲近一些就坐在父亲这一侧，如果母亲管得多一点就坐在母亲这一侧。但这一家中的这个六年级的男孩，吃饭的时候选择了父母对面的位置，从空间上讲，孩子选择了和父母最远的距离。我当时想：这个孩子和父母的关系应该比较紧张，后来我逐步了解并证实了自己的判断。

这件事让我受到了启发，为了了解儿童视角下的亲子关系，我曾在2015年寒假结束的时候布置了一个简单的实验作业，给了学生两张图（见图3-1、图3-2）：

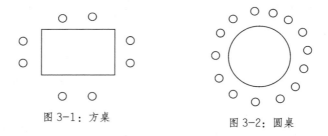

图 3-1：方桌　　　　　　　图 3-2：圆桌

请学生在方桌和圆桌的示意图上，根据自己正月里外出吃饭的情况，涂上爸爸、妈妈和自己的位置，开学后上交。然后请班主任老师做了一个简单的统计，特别提醒如果学生画的父母之间距离过远或者孩子和父母之间距离过远，就需要老师和孩子单独聊一聊家庭的情况以及和父母的交往。结果一聊，还真聊出了不少隐藏的信息：亲子关系比较紧张的，确实父母和孩子的距离比较远。这就需要提醒父母，尤其是孩子已经在中高段的，一定要通过和孩子多沟通、共读或者玩耍，建立亲密距离。还有一个班主任从图中发现学生父母之间坐得很远，了解以后才知道学生父母离婚了，老师也借此和孩子交流了一些自己的想法。

乱涂乱画：一种良好的情绪调适方式

良好的情绪管理是学生自我管理的重要基础，它是指感受自己的情绪状态，并用适当的方法进行自我调整。随着年龄的增长，学生在学习及学校生活方面出现适应问题的情况日益增多，情绪管理问题也逐渐增多，如不能及时干预和引导，将会出现严重后果。

俄罗斯心理学博士列纳塔·贝尔科娃认为，抽象画很能反映一个人的内心想法，因为实质上这是潜意识的表征。当一个人在用笔不假思索地在纸上乱涂乱画时，这些潜意识便不由自主地宣泄出来。列纳塔·贝尔科娃断言，研究自己画的"画"，实为自我认识的过程，只不过不是通过言辞，而是通过形象。一个满腹心事的人，很可能在外表上没有丝毫表露，但是那些下意识画出来的"画"会将他对周围人以及自己所隐瞒的心思暴露无遗。

游戏性的涂鸦是孩子自己的创意，表现的是孩子真实的内心世界；而凡是以成人意志为主导的简笔画、卡通画和临摹画等，都不能流露出孩子内心世界的秘密。由于孩子的语言表达能力还不是很发达，相对来说，随手涂鸦能更准确地展示出孩子的内心世界。

心理学家们研究发现，人们涂鸦的类型并不是太多，常见的有以下八种类型：①

螺旋线、圆圈和波纹线：表示忧郁和孤独。画这些图形的人对别人的问题不太关心，甚至觉得这些问题对自己是种干扰，因为他们的注意力只在自己身上。他们还有可能在经历一场小小的危机。

花和太阳：表示个性比较脆弱，却有着丰富的想象力。画画人的内心并不像表现出来的那么快活，而且多半还恰恰相反。画中的意思是说："你们不要忘了我啊！"这样的人，可以多和他人接触，多和朋友聊聊。一些生活琐事很有可能会引起他们的烦躁和不安。

格子：很可能是陷入了一种有些不体面和尴尬的境地。下笔很重的粗线表示他们将采取进攻策略。如果最后一笔是画圈，这表示问题起码在表面上已经解决。这种人经常是倾向于把委屈和愤恨咽下，可这却潜伏着更大的危险：心中聚集的失望越来越多，觉得自己倒霉，而且这种人往往缺乏自信心。

锐角和椭圆形交织在一起：这样的图案说明"画家"很无聊，可能是对自己的生活方式已经兴味索然。出现这种情绪的人，可以从一件小事开始，比如说做出一种"出格"的事——这种事他过去只想过却没有做过，这样才能终结百无聊赖的单调生活。

---

① 张楚涵 . 信手涂鸦泄露你的秘密 [J]. 健康博览 .2011（03）：38-39.

十字：表示很苦恼，或是自责，或是受到了他人的责难。这时很有必要寻找一下原因，当然不一定马上处理这件事，但也不能拖延时间过长。

非常简单的小人儿：表示无助或逃避某种责任。人们一般都是在需要坚决说"不"但又说不出来的时候画这种小人儿。画这类画的人可以将此看作一种警告："该拒绝时还得拒绝，否则你会为自己的软弱后悔一辈子！"

国际象棋棋盘：画这种"画"的人已陷入不愉快或为难的境地，向往能有一条光明大道带他走出这种困境。在这种时候可别闷着不说。

方形、三角形或别的几何图形：这样的人有明确的目的和信念，不会轻易受骗上当，也不太会隐瞒自己的观点。所画的几何图形越有棱角，代表画画者越会对人颐指气使。不过这种霸气也束缚了他们的想象力，让他们不能稍有放松。建议这类人不要在一些鸡毛蒜皮的小事上太较真。

【例3-8】涂鸦打开心扉

在日常的生活与学习中，天长老师们了解到很多资优生过分沉稳，害怕失败，不够自信；他们视野开阔，但唯我独尊，不会倾听；他们在家长的过高过严要求之下埋头读书，不善于与同伴交流……而六年级中的他们，又将经历着特殊的阶段——青春期加上小升初，有了更多的烦恼、更多的困惑、更大的挑战，这就是我们六年级资优生训练营开营的缘起。

　　沈晓琴老师为我们请到了拱墅区心理健康负责人魏璇老师做主讲，魏老师是绘画和心理方面的专家，他另辟蹊径，巧妙地将两者结合，教给孩子们放松心情、调节情绪的方法。孩子们在活动感受中写道，"原来色彩、形状、线条，甚至是身边的事物，都能用来表达自己的心情"；拿着自己涂鸦后的鹅卵石，孩子们说"握在手心，圆润光滑，且清凉无比，有一种从未有过的感觉，仿佛浮躁吵闹的我们顿时安静下来"；班级成员合作完成的一幅1开纸大小的以元旦为主题的绘画作品将活动推向了高潮，孩子说与同班同学共同绘成一幅"迎新图"乐在其中：不仅乐在"绘画""收获"，还乐在"分享""合作"。

　　五次活动结束后，分享阶段有孩子提到："短短的五个中午，给我留下了不可磨灭的记忆。心灵涂鸦活动让我收获了快乐，收获了宁静，收获了友谊，让我在活动中进步着、成长着。"有孩子说："画画，不一定要在意它的技术，要在意的是画里所包含的感情。表面快乐的孩子，其实内心不一定快乐，假装快乐是不想让人发现他内心的孤独。这次活动，就像是一次倾诉，一次自己和自己面对面的谈话，从中可以了解自己，也可以让家长、老师们更了解自己。"

　　参加活动的同学中有一个叫小陈的孩子，据班主任说，他是在二年级转到我们学校来的，虽然成绩不错，但是一直以来在和同学交往方面存在比较大的问题，在班级里几乎没有朋友。碰到问题，他总是非常消极地来看待，常常认为同学们对他不友好，想要欺负他。

　　课间活动的时候也总见他一个人在走廊上晃悠。这次活动在广播里宣布后，班主任说他是第一个主动报名要参加的。

　　在活动中，我观察到他在随机组成的合作团队中还是很专注的。一开始，他和同伴间的交流还是比较少，偶尔会有借些文具等简单的沟通。最后一次活动，是以班级为团队一起完成一幅画，他被分配到的任务是画雪花。在魏老师的引导下，他画了不同花样的雪花，有笑脸形的，有花瓣形的，他画得非常投入、专注。他在感受中写道："我们配合得十分默契，虽然有次活动我们是第三个完成的，但是我们的画是最有创意的。我们都很喜欢这幅画，因为这幅画是我们心血的凝聚。"看来，他很以团队的成功合作为荣。活动结束后，班主任跟我说，他现在下课会经常和训练营的这几个孩子在一起说说话、打打闹闹什么的，脸上的笑容也多起来了。

　　教师应采用多鼓励少批评的原则，对学生的错误可以批评，但不能讥笑，尤其是对"后进生"，更要耐心地点拨、理解、尊重他们，在德育中渗透情绪管理，善于利用身边的素材引导学生情感，从而帮助学生更好地表达自己的感受，培养学生的情绪管理能力，并根据实际情况及时调节学生的情绪情感问题，以实现学生的更好发展。

1+2=3

第4章

教育要走在孩子前面

> 教学应该着眼于最近发展区，然后在最近发展区达到现有发展水平；教育学不应当以儿童发展的昨天，而应当以儿童发展的明天作为方向。
>
> ——[苏联]维果茨基

马克斯·范梅南在《教学机智：教育智慧的意蕴》中说：
"教育学不仅可以定义为某种关系或某种行为，而且也使得一个
机遇、一个关系、一个情境或活动变得具有意义。"[①]

儿童喜动，喜新奇，喜模仿，那么教育自然要考虑这些因
素，或者说，教育其实就是考虑如何将我们所要传授的东西，和
儿童天性吻合，顺应儿童的天性，顺应得好的，往往效果就比较
好。这不是说教育局限于儿童的天性，而是要引导儿童天性发展
的方向。教育要走在儿童的前面，才能使儿童"看到"教育，但
只是走在前面也没用，儿童也有可能"看不见"。

苏联心理学家维果茨基说过这样非常深刻的话："只有跑到
发展前面的教学才是好的教学"，"教学引起了、唤醒了、启发
了一系列内部发展过程"。[②]这就是维果茨基的最近发展区理论，
该理论揭示了在有指导的情境下，儿童借助成人的帮助所达到的
解决问题的水平，与他在独立活动中所达到的解决问题的水平之
间的差异。儿童的这两个层级发展水平的动力状态是由教育教学

[①] 马克斯·范梅南.教学机智：教育智慧的意蕴 [M].李树英，译.北京：教育科学出版社,2001：30.
[②] 维果茨基.维果茨基教育论著选 [M].余震球，选译.北京：人民教育出版社，2005：388–389.

决定的，即教学创造出了"最近发展区"。我们对儿童的教育，
需要在"最近发展区"，至少要在"最近看见区"。"最近发展
区"是科学上的定义，"最近看见区"意思是即使不在"最近发
展区"（因为发展比看见难），但孩子的言行倾向能被我们看
到，这样，我们的教育才能发挥作用。

第一节　让孩子感受到有意思

"有意思"，对孩子来说，或是用来表达浪漫、好玩、妙趣横生、其乐融融、心花怒放、欢呼雀跃，或是指教室里老师讲的一个跌宕起伏而又感人肺腑的故事，或是指师生之间在田野上的追逐……但提起这个话题，并非想"既要……又要……"地全面重视"意义"和"意思"，今天教育的主要问题在于"意义"过度而"意思"不足。从总体上说，我们的教育还是说教比较多，而符合儿童心理的趣味性不够。

所以，请给教育多一些意思！

让教育有意思，其实就是苏霍姆林斯基所提倡的，让教育的痕迹尽可能淡化："在自然而然的气氛中对学生施加教育影响，是使这种影响产生高度效果的条件之一。换句话说，学生不必在每个具体情况下知道教师是在教育他。教育意图要隐蔽在友好和无拘无束的相互关系气氛中。"① 无数优秀教师的成功经验已经证明，教育的意图隐蔽得越好，教育效果就越好。不动声色、不知不觉、了无痕迹、润物无声、潜移默化……这些都是教育的艺术，也是教育的境界。

让教育有意思，一定要留一些空闲时间让学生自主利用，即使发发呆，也是蛮好的；让孩子们看一些暂时不能理解的书，尤其是科学类的书，我觉得也是很重要的（文学类的书因涉及社会阅历，要有适当的限制，古人说"少不读水浒，老不读三国"，就是这个意思）。小学的时候，我看过一套书——《十万个为什么》，觉得比教科书有意思多了。

怎么才能让教育有意思呢？重要的是，每一位教育者都应该有儿童视角。什么叫儿童视角？就是从儿童的角度看待周围世界的视角，包括校园中的一切。我们现在的校园文化建设已经十分完善，有的学校走廊一尘不染，还被作为典范宣传。但我在校园中走的时候发现，学校特意种的草坪、小树林并不是学生最喜欢的地方，学生最喜欢的地方是沙坑，而且不知道他们从哪里找到了一些碎石和树枝，在沙坑中搭了很多桥，挖了很多洞。苏霍姆林斯基认为一所学校要有泥土，要有大树，可现在的学校有泥土吗？有大树吗？泥土是有的，但都用来绿化了，大树也是有的，但被精致的围栏围了起来，孩子们走进校园就不由地小心翼翼，也失去了很多的欢乐。

---

① 苏霍姆林斯基选集（第2卷）.[M]. 蔡汀，王义高，祖晶，主编.北京：教育科学出版社，2001：843.

有一次，学校的篮球筐坏了，篮球架像一个人耷拉着脑袋。想到下课的时候，孩子们不能再兴高采烈地玩篮球了，我着急找人来修。结果下课的时候，我发现篮球架旁边更加热闹了，更多的人来扣篮了！看来，一个有点损坏的篮球架，可能是一个更好的篮球架！

日常的事情：烹小鲜才见真功夫

《道德经》中说："治大国若烹小鲜。"可见我们日常认为很简单的"小鲜"制作，烹饪起来才真正具有挑战性。

让儿童感到有意思，可以在形式上做一点创新。曾有个新闻说有家长可以做到早餐一个月不重复，有的甚至可以做到一年不重复。[①]这样做有多大必要和意义我们暂且不说，实践肯定也证明，小孩子确实吃得更多了，不然妈妈也没有积极性继续做了。但我也相信，一个月早餐不重复，更多的只是形式上的创新，今天绿豆粥，明天南瓜粥；今天小猫饼，明天小熊饼；今天画一幅画，明天写一首诗……但早餐的内容，总的来说就是碳水化合物、维生素、蛋白质这一些吧！

平时我们面对学生的教育，和做早餐也有相同之处。同一件事只要形式上稍有改变，就会使学生改变认知。有一天用餐时，我发现学生不太吃肉饼蒸蛋中的肉饼，有好些班级的学生剩饭中都有它。我就找了几个学生问：为什么不吃肉饼啊？结果学生的

---

① 姜晓蓉. 九莲小学有位妈妈每天给女儿做色香味俱全的早餐 [N]. 杭州: 都市快报，2018-10-01.

回答都是知道不能浪费，肉饼也不是不好吃，但家里已经吃得太多了。我就和他们开玩笑一样说："那我们吃肉圆行不行啊？"结果，所有的孩子都欢呼说好。我就向学校食堂的师傅建议，把肉饼做成肉圆，效果还不错。你看，在孩子眼里，肉饼和肉圆是有很大区别的，但在我们成人看来不都是肉吗？这就是孩子和我们看待事物的不同。

【例4-1】任务可以有趣一些

有段时间，我发现很多学生安排时间的能力不强，导致在一些事情上总是丢三落四。

我说："庞老师这几天观察下来，发现大家都特别勤奋。"

于是大家都认真地听我讲，人还是喜欢听好话的，儿童更是如此。

"我觉得你们都勤奋过头了！往往是语文课上课前在做数学，数学课上课前在做英语，科学课上课前在做语文，其实是弄乱了。"

大家都点头。

我又说："其实，学校中有两道常规命令和一道偶发命令。"

"两道常规命令中，一道是铃声，铃声就是命令，下课铃声一响，就要进入下节课的准备阶段，是该上厕所、准备书本材料的时间，我们必须做好准备工作。还有一道是老师讲话。老师一讲话，必须认真听，认真听是有标志的，就是眼睛看着老师。偶发的命令就是广播的突发通知，不管我们正在做什么事情，都必须马上停下来，一般是紧急通知或者演习。"

大家都点头表示赞同，后继对时间的安排也有了一些进步。

特定的事情：趣味是设计出来的

对于孩子提出超出课堂知识问题的引导，我觉得常用的办法可以是"反其道而行之"，但一定要记住，反其道而行之的重点不在反，而在行。不然最后行不了，还是没有达到效果啊！我们的应对要在"意料之外"但"情理之中"。

尤其是对于一些比较优秀的或者是比较调皮的孩子，我们很有必要在和孩子的思维冲突中让他们感觉到学习的有意思。

我曾遇到过一个很有意思也很牛的学生，之前就听说他很喜欢和老师辩论。第一节课我就感觉到他确实牛，因为课上到一半，他就发言说发现书上的军舰是不对的，他能非常清楚地说出"二战"时所有国家的军舰——孩子似乎只要痴迷于某件事，就会表现出特别强大的记忆力。我说下课后我们再仔细聊聊。

下课后，我就认真听他说各种军舰知识。他不仅找出了不对的军舰——书中把不同国家的军舰搞错了，而且他还能分辨出同一国家同一型号的军舰第一艘和第二艘的区别。我很快对他的知识表示赞赏，和他达成一个共识，把照片中的错误写信给编辑部。同时，我又问了他几个关于"二战"的问题，结果他答不上来了，我和他说每个人的知识都会有缺陷。后来据他妈妈说，他回家后说没想到老师的知识这么丰富，而且还认真听他讲！其实，我知道，谈军舰我肯定不是他对手，不如反其道而行之，和他交流我擅长的他也感兴趣的领域的知识。

孩子在类似事情中的表现很有意思，我记得全国著名的特级教师王燕骅讲过一件事情：她参与省编教材工作的时候，有个口语交际的内容叫"打电话"，她就把自己的电话写在了书上，结果，经常有学生为了验证这个电话到底有没有人接而打来电话，王老师就不断接到学生的电话。

【例4-2】来自挪威的糖

2019年1月23日，紫阳小学的校友、60年前曾就读于此的马列先生来校走访。马列先生是全国政协十三届一次会议列席代表、浙江省政协海外列席代表、全挪中国和平统一促进会共同会长、欧洲杭州联谊总会名誉会长、挪威福莱德公司董事长。

他在学校走访了近两个小时，讲了很多他的故事，传递了他对紫阳、对杭州、对中国的深情，令我很受感动和启发。

临走的时候，他送了我一包巧克力糖。

我一直想让这包糖发挥一些教育的作用，后来我选择了在"梦想、坚持和惊喜"的主题活动中分享这包糖。因为我觉得我们的孩子现在不缺少糖，但他们缺少惊喜，缺少传递惊喜的意识。在当天的休业式上我们做了一个隆重的演讲。大致程序如下：

首先是介绍马列先生70多岁来到我们学校的事情，马列先生已经有了这么高的社会地位，为什么会来一个学校。针对这个问题让同学们发表下自己的看法。我顺便表达了自己对马先生40多岁赴挪威工作的敬仰，这是梦想的力量！人要有对未来的梦想，他的成功主要来自梦想的力量。

我说："马列先生经过30年的努力，已经有能力为母校带来惊喜，给我们大家带来惊喜。我希望这份惊喜能够传递下去，所以我把他送给我的糖和大家分享，希望把这份惊喜传递给每个班级。请每个班级选择一位接受这份惊喜的同学。"我同时补充道，"得到这份惊喜的同学，应该感到高兴，没有得到这份惊喜，也可以为得到的同学感到高兴，我觉得这是一个当代青少年应该有的态度"。

我自己也选择了一位同学，这位同学每天早上都是恭恭敬敬地向老师鞠躬，我也在台上向学生鞠了躬。同时我采访了19名上台的同学，有的准备和家长分享这块糖，有的准备和弟弟分享，有的准备和同学分享。尤其是那位准备和弟弟分享的同学，他说和弟弟已经几个月没有见面了，兄弟情深，二胎的关系不佳看来并不是普遍现象。

我希望大家有自己的梦想，能够坚持梦想，分享梦想，我们的生活中不缺少糖，但我们缺少分享糖的方法。学生长大后都会赚钱，但很少有人教育他们该怎么花钱。我最后说，希望60年后，下面站着的同学中，也有人回到母校，把这份惊喜传递下去。我也愿意来看看大家（那时候我也100多岁了）。

赋能教育不是一句空话，它决定我们怎么思考每一件事中蕴含的教育力量，然后将其付诸行动。

第二节　让孩子感到有挑战

美国教育家布卢姆将思维过程具体化为六个教学目标：记忆、理解、应用、分析、综合、评价和创造，其中记忆、理解、应用是低阶思维，是较低层次的认知水平，主要用于学习事实性知识或完成简单任务；分析、综合、评价和创造为高阶思维，是发生在较高认知水平层次的心智活动或认知能力。高阶思维是高阶能力的核心，主要指创新能力、问题求解能力、决策力和批判性思维能力。[①]

杜威认为，高阶思维不是自然发生的，它是由"难题和疑问"或"一些困惑或怀疑"引发的，高阶思维的发生就是反思—问题生成—探究、批判—解决问题的过程，可见问题是开启高阶

[①] 本杰明·布卢姆等.教育目标分类学[M].罗黎辉.译.上海：华东师范大学出版社，1986：100.

思维的最大动力。①那么教师预设出什么样的问题才能够牵引学生的高阶思维呢？这类问题往往具有以下三个特点：第一，问题要有"挑战性"，也就是说"要能抓人"，对于直白或索然无味的问题，即用"是"或"不是"就可以回答的问题，学生会不屑一顾；难度过大的问题则会使学生无处下手，从而放弃尝试思考。第二，问题要有"开放性"。没有现成答案的问题对学生更具有吸引性，更具有挑战性，学生的思维不易受到限制，对问题的思考更能锻炼高阶思维。第三，问题要有"层次性"，要为学生提供适当的台阶。"高立意，小步问"的问题，有利于学生找到思考问题的切入点和保持思维的连续性，对学生吸引性极强。问题设置层层递进，步步深入，可以使学生在分析问题、解决问题的过程中训练自己的高阶思维。

不是越简单越好

培养孩子的好奇心，就是要孩子多问些为什么。多数孩子只注重观察，而不注重思考，不注重问自己为什么。多数孩子是想找现成的答案，问老师，问家长，这样就不利于探索新事物了。如果我们能在问题方面引导孩子，让孩子多问几个为什么，那么孩子以后在遇到新鲜事的时候，就不会急于找老师要答案，而是自己边观察边思考。

孩子也并不是对越简单的事情就越关注，而是可能对具有挑

---

① 王帅.国外高阶思维及其教学方式 [J]. 上海教育科研，2011（09）.

战性的事物更加有兴趣，尤其是学业优秀的孩子，往往都对有挑战的事情保有兴趣，未知的带有挑战的问题能有效促发孩子的好奇心。

顾泠沅先生曾经说过：影响学生学业成就最重要的一个因素就是学生的兴趣，要让学生产生对自己的挑战性期望。对有的学生来说，由不会到会是挑战，对有的学生来说，会了之后要追求卓越是挑战。学校和教师的责任并不仅仅在于上好课，更在于满足每一个学生的成长需求，给学生挑战高水准的机会。

【例4-3】做大队长

我经常和班级中优秀的学生开玩笑，说必须把他们这些人引导好，不然若他们志向不远大，"钱学森之问"恐怕一时无解。

黄书祺为2012年天长小学毕业生，现在剑桥大学数学系就读。五年级大队委员竞选时，她在"意向岗位"一栏上填了"大队部旗手部部长"，这也是她的老职位。

于是我批评道："要志存高远，懂不懂？别那么不求上进，原地踏步！"书祺同学是一个很有悟性的学生，她后来在书中写道："我真的好惊讶，您怎么会对我的大队委员竞选这么关注？当然，在惊讶之余，还有很多温暖与感动。我重新填报了'大队长'作为竞选意向，并且通过多轮选举，成功当选！"[①]

后来她在大队长的岗位上做得很好，尤其是她妈妈和我说的

---

① 黄书祺.祺祺：一个孩子的童年故事 [M].杭州：杭州出版社，2012：168.

一件小事，让我明白了她在岗位上的格局和认识。学校的85周年校庆，也恰逢"六一"演出，书祺同学在一开场就亮相主持仪式，本来她后面还有一次亮相的机会，但她和妈妈说："前面主持仪式是我一个人而且时间很长，后面的机会就让给别人吧！"

这正是我建议她参选大队长的初衷。让孩子在不同的平台历练，她会在挑战中成就自己，也成就别人。

对事鼓励，对人坚持

教育最重要的力量是长期性，小学教育更是如此。小学教育现在的高度内卷，主要也因为企图将教育本身的长期性短期化，由此也让家长产生了各种焦虑情绪。所以，从比较宏观的视角看，对孩子设置一定的目标，让其坚持这一目标，恐怕是孩子成长的"不二法门"。但在现实中，很多家庭都是对事莫名其妙地坚持，结果导致孩子长远的成长受损。譬如，现在的孩子都会学习一些乐器，学习乐器和孩子的成长相关性其实并不大，不然我们就很难解释为什么很多人根本就没有学过乐器，但依旧为社会作出了很大的贡献。但可能因为班级里的同学都在学，或者出于其他的原因，很多父母都让孩子坚持，其实如果孩子了解该门乐器后不想学，显然也就可以不学。因为如果只是为了培养意志力（孩子不想学但在父母的要求下坚持学，其实主要就是为了培养孩子的意志力），可以选择的学习内容是很广泛的。

如果将思路转换为对人坚持，就会呈现出我们对孩子教育方式的一贯性，孩子需要稳定的情感氛围和场域，对于比较复杂的情感，他们的接受性是比较弱的。很多小孩子看着也挺聪明的，但往往学习不是特别好，背后的很大一部分原因，我觉得是家庭教育的不到位。父母是孩子的第一榜样，家庭是孩子的主要成长空间，如果孩子在家里的安全感是比较强的，孩子就会自信、自主，反之，则往往会影响孩子的发展。但这也并不是说对于孩子的想法我们都要无条件满足，我们可以抓住孩子的主要需求，根据实际情况做一些调整，有时候反而效果更好。

【例4-4】篮球学不学有什么区别

小能五年级的时候，有一天回家说要学篮球，主要是发现班级中的几个同学去俱乐部学习了篮球后，技术长进了不少。孩子喜欢体育类的锻炼当然很好，所以我一贯支持，但这次，我觉得可以好好分析一下。

我和小能说："去俱乐部是为了学习几招篮球技术，是挺好的，但我们现在有个问题，就是接送时间上！"我看小能还是想去的样子，就接着说，"我觉得我们通过努力，不去俱乐部练习，也能大致达到去俱乐部的水平！"

小能很高兴，说："那就行！"他去俱乐部本来就是为了提高自己的球艺。

我又说："我们成为篮球运动员的可能性也不大，你爹妈都没这个基因！"小能笑了。当然，这份轻松也出于父子之间一贯的信任。

我接下去和他商量了方案，班级里的孩子一周去两次俱乐部，总的锻炼时间大约是五个小时。我们可以双休日去浙江大学打球两次，每次两个小时，保证了锻炼的连续性。结果试下来效果非常好，浙大的大学生也很友好，有时候也和小能一起玩一玩，有意"喂"他几个球。

几个月以后，小能的球艺上升很快，成了班级里当之无愧的队长。

第三节　让孩子感到"可控制"

　　3—6岁是孩子发展独立性和控制感的重要时期，这几年的成长经历，对以后甚至成年时期的自我价值感和自信心都有重要的影响。如果孩子在这几年能够较好地建立独立性和控制感，将来他们更容易形成内控的信念，认为大多数事情包括命运都可以通过自己的努力和内在力量去掌握，更能获得事业的成功和心理的健康。

　　这个阶段孩子的活动有了自我目的性和计划性，此时，如果孩子被允许表达和实施自己的想法，他的自我意识就会越来越明显。孩子的自我得到尊重，就会发展出主动性；如果孩子在表达和实施自己想法的过程中，不被允许和认可，就会让他对自己的想法和行为感到内疚。

　　这个阶段孩子的行为开始涉及他人和社会的评价问题。如女孩子爱美丽，想穿得漂亮些，父母要做的，是掌握好界限，在尊重孩子自我意识的同时，区分哪些是可以尊重的行为，哪些是不当的行为；对不当的行为，引导的原则是孩子不至于因为行为被否定而损伤自我的价值感，产生过度内疚的心理。

面对处于自我意识发展关键期的孩子和他们所处的复杂环境，现在的老师和父母该如何做呢？

父母营造的和谐家庭氛围对孩子成长起着定海神针的作用。父母要关注、识别和鼓励孩子的自我意识，避免在自我意识的发展期就让孩子有挫败感。然后尽可能了解他周围的环境，让自己成为孩子所处环境中的潜在的不良因素的平衡者，在鼓励孩子形成自我意识的同时，进行必要的引导，引导的前提是不损伤孩子的自我意识。鼓励孩子的自我意识和对孩子进行管教之间的界限比较模糊，最简单的方法是将孩子当成一个成年人，平等对待，平等沟通。

方法是重要的：提供孩子能运用的方式

心理学上有个"猕猴实验"是这样的：心理学专家教五只猕猴做动作，其中三只猕猴很快学会了，剩下两只猕猴却没有学会。是不是这两只猕猴比较笨呢？为了检验这个判断，这些心理学专家换了一种方法来教这两只猕猴，结果它们也很快学会了。此后，这些心理学专家反复对许多猕猴做这个实验，得出的结论是：猕猴间的聪明程度没有太大的差别，要教会猕猴做动作，关键是要找到适合不同猕猴的方法。只要有合适的方法，多数猕猴都能够很快学会。

每个学生的聪明程度也是相差不大的，学生学习成绩有好坏，存在两方面的原因：一方面是智能多元化的缘故，即每个学生都有自己的强势智能和弱势智能，例如有的学生学习成绩好些，但交际能力可能就差些；有的学生学习成绩差些，但交际能力可能就强些。另一方面是教师在教育教学工作中所使用的方法适合一些学生而不适合另一些学生，导致一些学生能很快学会某些知识或技能，而另一些学生则不能。因此，我们教师在教育教学中要有这种意识：学生之间基本上是没有聪明和愚笨之分的，每个学生都有自己的强势智能和弱势智能，只要教师找到适合学生的教育教学方法，努力贯彻因材施教的原则，就能够使每个学生获得理想的成绩，并促使他们德智体得到全面发展。

孩子其实有时不一定喜欢自己做事的方式，但因为他所参照的人物有限，这种方式只是他模仿的结果。就像"狼孩"，因为在狼群中时间长了，他就学会了狼的一些行为，但并不是说他喜欢狼的行为。

我们看到的孩子的行为，其实是其成长过程中的片段，而不是一个结果，但我们往往将之看成是一个结果，而且又用逻辑推出一个更"重要"的结果。例如孩子看到别人有一支好笔，就偷偷拿来了。这个"偷偷拿"和社会上认知的"偷"是完全不一样的，他只是不知道用什么方式能够有这个东西，他自己的认知也只有"偷偷拿"这个办法。但我们如果用成人世界的"偷"，而且认为这样做的话孩子长大后就会"偷"更多东西来评价这一行为，那就麻烦了，很可能是"好心办坏事"。所以我们需要认识到的是，孩子在社会化的过程中，其行为是可以被其他行为所代替的，这其实也是教育的一个作用。教育，就是用社会主流的行为、知识培育人，就是用跟社会主流价值相符的行为帮助孩子"替代"他们不妥的行为。

　　我们在拒绝或者否定孩子一种行为的过程中，一定要有替代的行为，如果我们能够提供更加符合孩子发展的行为选择，对孩子的教育才能真正有效。而且，这种替代的行为发生得越早，对孩子的成长越有利，因为这样节省了很多纠错的时间，而且孩子容易找到错误行为以后的策略：用其他行为替代。

【例4-5】喜欢"拥抱"的孩子

　　小W同学一开始在一个民办学校上学，一年后回到学区，于是就到了我们学校。这个学习经历一般证明了两个问题：一是孩子的父母对孩子的教育还比较重视，所以费了不少心思让孩子去读民办小学；二是之前学校在培养孩子的习惯上效果一般，所以就让他回到公办学区就读，我们学校刚好还有学额，那就是无条件接受（到民办学校读一两年然后又回到学区公办学校就读的现象普遍存在，这个现象反驳了民办学校认为自己办得好是因为对教育的投入更多、师资更优良的观点，实质上民办学校是选择生源。我几乎没有听说在公办学校里学不好、行为习惯差的学生转到民办小学去的，倒是公办小学里有个别优秀的学生，在四五年级转到了民办小学。这段话是为了证明我的观点，不是讨论公办民办学校的优劣）。

我观察了一段时间，发现这个孩子还是蛮特殊的。譬如他经常喜欢做出一些与众不同的事情，如脱裤子、抱女同学等，其实未必就是想"耍流氓"，但确实让人感觉不好，尤其是孩子已经五年级了，有些家长有担忧也是可以理解的。

于是我和小W聊了两次天，一次是昨天（9月17日）早上，他看到H校长在值班，就嘴巴嘟起来，咿巴咿巴发出声音来，做出"飞吻"的样子。H校长估计看到过好几次了，就上前拥抱了他一下。我觉得不太好，就在他准备去教室时和他聊了一下。

我问："你为什么做出亲嘴的样子？"

他倒也很直接："因为我喜欢H校长。"（这个喜欢也不能说有恶意）从他表情上也看不出有什么故意的意思。

我说："哦，喜欢老师是好事情。但你喜欢，就要用别人也喜欢的形式表达。你想一想，还有没有其他的表达方式，既可以表达你的喜欢，也能让对方愉快地接受？"

他一下子答不上来了，低着脑袋在那边想。其实他学习还可以，主要是行为习惯不太好，我这一问，把行为习惯的问题转化成了认知的问题，这可能是他愿意接受的方式。

我说："对于你对别人表达喜欢的方式，我有几个建议，可以直接走上前去说一声'我喜欢你'，看看对方愿不愿意接受；也可以握一下手，这是大家更多表示友好的方式；也可以拥抱一下……但要选择双方都能接受的表达方式。"

他想了一下，回答："那我就握一下手吧！"

我说"行"，他就跑去和H校长握了下手。

从此，他的"飞吻"就变成了握手。

自主性：成长需要安全感和信任感

孩子的自主性是成长出来的。古人说"读万卷书，行万里路"，就是讲人在成长过程中经历的重要性。但就像很多孩子看了很多书，文章还是写不好一样，也并非说多经历一件事情就会多一份阅历。作为父母或老师，最重要的是在合适的时间找到孩子的成长点并进行引导，促进孩子的自主发展。

英国心理学家哈利·哈洛曾经做过这样一个实验：让猴妈妈带着一群猴宝宝去一个玩具很多的房间，小猴子们对玩具表现出了浓厚的兴趣，但它们会躲在猴妈妈的后面，等想要探索的时候，就会离开妈妈去玩玩具，然后又会回到妈妈的身边。

这个实验证明，小猴子们需要自主探索，也就是自主成长，但这种自主成长不是一次性完成的，而是循环往复的。同时孩子也需要一定的安全感，这种安全感更多是从父母那里获得。学校的老师也要关注孩子的安全感，尤其是低段的孩子。只有把自主成长和安全感相结合，孩子才能得到最好的发展。

【例4-6】一幅练字的作品

"五一"长假后的5月6日，我回到学校。

S同学拿了一张练字作品给我。我一看，顿时明白过来，上次我送了一张我的练字作品给他，其实也不是送的，我是为了给学生展示怎么在稿纸中写字，比较认真地写了一张，后来S同学要，我就送给他了。

但早上比较忙，我就言不由衷地说："好！"没有了下文，他也就回到了座位上，但我总觉得少了一些什么。

放学的时候，S同学的奶奶问我："庞老师，今天S有没有把练字作品交给你？"

"交给我了，写得很好！"奶奶就带着S回家去了。但我还是觉得漏了些什么。

晚上回到家，我也在不停地想这件事情，觉得这可能对学生的成长是个契机，这个孩子在家庭中因为父母离异缺少安全感，在学校里可能也是因为缺乏安全感，所以会和同学相处得不太好。后来我终于想到了一个可以鼓励他的办法：把这张练字作品张贴在教室后面的黑板上展览。

7日早晨，我讲了"五一"节S同学练字的事情，然后请班长把作品张贴在教室后面的黑板上，我朝S同学看了一眼，感觉到了他的开心。我也觉得做了应该做的事情。从这开始，我和他建立起了一些微妙的信任关系。这个原本爱调皮捣蛋的孩子，也渐渐对别人有了安全感，攻击性言行也渐渐减少，也在尝试和同学建立一种新的关系。

第四节　让孩子感到"我能行"

学生经常会提出一些问题，而且很容易对此进行归因，如："我为什么成功（或失败）？""为什么我语文测试总是考不过人家？""为什么老师的问题我回答不上来？"……美国心理学家伯纳德·韦纳认为，可以将人们行为的成败归纳为以下六个原因：

能力，根据自己的实际情况评估个人能否胜任该项工作；努力程度，自我反省并检讨在工作过程中是否尽力而为；工作难度，凭个人经验判定该项工作的困难程度；运气，自认为成败是否与运气有关；身心状况，工作过程中个人当时身体及心情状况是否影响工作成效；其他，除上述五项外，是否有其他关乎人与事的影响因素（如他人帮助或评分不公正）。

以上六项因素也可以作为一般人对成败归因的解释或分类，韦纳按各因素的性质，将之分别纳入以下三个维度（见表

4-1）：[①]

表 4-1 归因六要素

维度 因素	稳定性		因素来源（控制点）		可控性	
	稳定	不稳定	内在	外在	可控制	不可控制
能力	√		√			√
努力程度		√	√		√	
工作难度	√			√		√
运气		√		√		√
身心状况		√	√			√
外界环境		√		√		√

1.因素来源：当事人自认影响其成败的因素，是个人条件（内控），抑或是外在环境（外控）。在此维度上，能力、努力程度及身心状况三项属于内控，其他各项则属于外控。

2.稳定性：当事人自认影响其成败的因素，在性质上是否稳定，是否在类似情境下具有一致性。在此维度上，六因素中能力与工作难度两项是不会随情境改变的，是比较稳定的。其他各项则均不十分稳定。

3.可控性：当事人自认影响其成败的因素，在性质上是否由个人意愿所决定。在此维度上，六因素中只有努力程度一项是可以凭个人意愿控制的，其他各项均非个人所能控制。

韦纳认为，我们对成功和失败的解释会对以后的行为产生重大的影响。如果把考试失败归因为缺乏能力，那么以后就会通过

---

① 伯纳德·韦纳.归因动机论[M].周玉婷，译.北京：中国人民大学出版社，2020：95.

提升自己的能力取得进步；如果把考试失败归因为运气不佳，那么以后的考试结果依然可能是失败。这两种不同的归因会对我们的学习或生活产生重大的影响。

在学校的学习或者孩子的日常生活中，我们需要告诉孩子一件事情的成功和失败取决于很多因素，不单单是努力或者幸运与否，只有找到正确的原因我们才能更好地成长。只有学会正确的归因，我们才能更准确地知道是哪一方面出了问题，相应地，也能更好地解决问题，也更容易成功。"挫折商"比较高的人会从各个方面分析自己失利的原因，直面困难，也往往会更有自己的主见和思想。在教育孩子方面，比如一件事情孩子失败了，父母可以帮助孩子从多方面找原因，而不是只归因于一个因素。当然，一件事情孩子成功了，其实父母也需要和孩子一起寻找原因。孩子经常进行正确的归因，就会逐渐形成比较正向的思维方式。

找到孩子努力的方向

我们回想一下可以发现，孩子是喜欢努力的，我们觉得孩子不努力，多半是因为孩子后期的无数努力没有被看到——这个看到既包括让别人（一般是父母和老师）看到，也包括让孩子自己看到。

孩子是天生的学习者，很少有长大了的孩子自己会走了还想让你抱的；也很少有孩子学会吃饭了还让你喂的……因为孩子和我们成年人一样，如果付出一些努力，他更加自由了，那他自然就愿意继续努力。

但问题在于，对于很多事情，如果我们没有归因到努力——孩子可以凭努力解决问题，那这个归因便不会起到很大的效果。如果我们发现一个孩子不会跳绳，那并不能说明他不努力，而是他有没有努力寻找正确的跳绳方法。小N读幼儿园大班的时候，老师说到小学就要跳绳了，于是要求孩子们练习，结果全班只有小N和另外一个同学没有学会。你觉得这是小N不努力吗？不是的，小N也说，全班只有两位同学不会跳绳了，自己要加油了！他也主动要求自己在爸爸妈妈的帮助下练。但仔细观察会发现，小N其实是有一些着急的，所以他不停地练，但每次手和脚的配合都会不到位：绳子甩出去时，他再往前跳，这样绳子自然很难跟上下一次的跳跃。解决了这个问题后，他就可以跳得很好了。所以很多人说，方向比努力更重要，但其实，方向也是努力的一种。

【例4-7】孩子为什么不吃虾？

有一天我在校园中检查午餐剩饭的时候，无意中有一个发现：学生们几乎都没吃虾。虾倒在水桶里，实在有些可惜！食堂会根据学生的喜爱程度做菜品的一些调整，我当时就想把这个情况反馈给老Y（食堂负责人）。

但等回到办公室坐下，我越想越不对，在我的印象中，小孩子还是蛮喜欢吃虾的。譬如我儿子就很喜欢吃，我们也经常买，因为虾的营养也不错。所以，我觉得还是要去了解一下原因。

我又飞快地看了一下各班的水桶，情况都差不多。我找了两个正准备倒虾的孩子问："你不喜欢吃虾吗？""喜欢的啊！""啊？那你为什么把虾倒掉？""因为我不知道怎么把虾肉剥出来。"另一个说："我剥一只虾很慢的！"哦，我恍然大悟，孩子不是不喜欢吃虾，而是在家里一般都是大人把虾剥好，导致孩子自己不会剥或者剥得很慢。我想想自己家里的情况，确实也是这样。

于是，我有了办法，我和老Y说，这几天先不吃虾了，让班主任布置一个作业：在家里学会剥虾。每个学生很快就在家里学会了剥虾，再加上老师请一些剥得好的学生做"小先生"，大家剥虾的热情十分高涨。等到又一次吃虾的时候，果然，这次被倒掉的虾已经屈指可数了。

人生充满偶然性

我们一般比较少和孩子聊幸运的事情，但生活中确实存在幸运和偶然。偶然性包括偶然的赢，自然也包括偶然的输，这都是我们生活的一部分。就像我们熟悉的《守株待兔》的故事，对故事中的宋国人，大家都是持批判的态度，但我觉得小孩子内心肯定也想做那个宋国人。如果撇开这是个寓言故事的话，我们也会有人做出类似的事情，我们还是会期待"幸运"的出现。

和小孩子谈谈偶然性，可以帮助孩子学会坦然面对生活中出现的偶然。我们不可能把握偶然事件，但我们可以学会处理偶然事件。一件事情产生的结果，是由我们的认知模式或者说对偶发事件的心智模式决定的。

【例4-8】 小X找不到了

我刚工作不久的1995年，F1摩托艇比赛在西湖边进行，我带了学生去看，现场确实超出了我的想象，人山人海。一个叫X的同学大概一时高兴，爬到了一个树杈上（树杈不是很高，这个调皮蛋到哪里都改不了本性）。发现X同学不见后，我和其余同学慌了神，来回找了五六遍都没有找到。

幸亏当时实行了交通管制，惊慌失措中，我断定人没有离开现场，就告诉大家不要急，再找仔细一点。一路找的时候，大家就开始埋怨小X，有的说："下次不要带他出来了！"有的说："真找不到我们去报警，找警察帮忙！"有的说："庞老师你不要急，肯定能找到的！"……我当时第一感觉就是，孩子的成长是需要偶发事情激发的，孩子们一个个像小大人一样，都很能干。

后来不知谁眼尖，指着树上说："那不是吗？"顺着方向我们看到，小X同学正聚精会神地看得认真哩！看着小家伙一本正经的样子，我的一肚子火也就没有了。

当然，事情也不能这样结束。看完比赛，我问大家："下次小X我们带不带了？"大家虽然刚才都很生气，但现在觉得他也不是故意的，于是大家定下一个规矩：外出要统一行动，不能一个人一句话不说就离开，不然大家还不找个半死？我觉得这次偶然事件也是给大家一次成长机会，让大家学会了宽容同伴。而且更有意思的是，下一次的参观活动中又出现了情况，小X因为前一天没睡足，结果在章太炎纪念馆的楼道里睡着了，我们所有的人都等他睡了一会儿，然后才一起去下一站。

我的师傅高老师当时跟我说："你这样和孩子相处，但他们遇到问题也并不乱，那也不要去学'严师出高徒'的做法了！"后来碰到这些孩子，大家都还是很亲密。

1+2=3

第5章

走向远方：
用科学的方式教育

当教师把每一个学生都理解为他是一个具有
个人特点的、具有自己的志向、自己的智慧和性
格结构的人的时候，才会去热爱学生和尊重学生。

——［苏联］赞可夫

如果说一个领域中有"神话"，那么，教育中的"神话"应该是比较多的。我们简单地来看一些信息：

神童类：2011年云南省诞生了一位高考神童许恒瑞。这位小神童有多厉害呢？他在11岁时，也就是2011年考入了中国人民大学。要知道，中国人民大学是多少人努力奋斗都难以进入的学校啊！然而这个11岁的孩童，就实现了这个目标。神童故事听听可以，但以此为目标，肯定会失望。因为从教育史来看，没有经验证实"神童"是培养出来的。

英语速成班："21天学会××""30天包会××"……各种类似的广告满天飞。这些急功近利的广告和许诺，极大地迎合了许多工作繁忙，不希望孩子学习耗时太长、太辛苦的家长们的胃口。各种各样的速成学习班和"捷径"，充斥着学习市场。其实，只要稍加思考，就不难发现其中的悖论：如果真的这么速成，怕也不用再打广告了。而且如果知识都可以速成的话，学校也没有存在的必要了。还是新东方创始人俞敏洪实在，他说，根据他的经验，在中国的语言环境下，还没有一个例子证明，有人可以在一年的学习时间里达到听说无障碍式的英语教学目标。

忽悠类：有说"不要输在起跑线上"，有说"教育是一片云推动另一片云"；又推崇"虎妈""狼爸"……不是说这些案例没有意义，但企图以个例说明教育的一般规律，全民跟风，就没有必要。"虎妈"蔡美儿之所以引发巨大关注，是因为她的教育方法确实残酷——通过高压手段强迫孩子朝着她预定的方向前进。但"虎妈"的逻辑是自尊自信要靠自己赢来，而这背后的诀窍就是努力。所以，在看待一种教育现象的时候，要呈现全部，如果我们认为一味地"虎"就能实现目标，就可能只看到了冰山的顶，而没有看到冰山的全部。

老教育家吕型伟先生曾在《要学点教育史：关于教育创新的一次谈话》中大声疾呼："要教育创新，要出新思想、新理论，一要站在巨人的肩膀上，二要研究新的社会现实、时代现实。"[①]这也是我的想法。

"我一直在思考，到底什么叫创新？近年来在改革与发展的大潮中形式主义与浮躁的现象相当严重，我称之为'浮肿病'与'多动症'，口号不断翻新，模式层出不穷，仔细去检查一下……大都是文字游戏……病因是多样的，有的是为了出名，有的是出于无知，好像田径运动员，不知道世界纪录是多少，却自吹自己破了世界纪录。

"教育这种社会现象已有数千年历史，在探索教育规律这条道路上前人已做了大量工作，进行过无数次实验，提出过许多教育理念、理论，成功的、失败的，可以说是不计其数。如果你一

---

① 吕型伟.要学点教育史：关于教育创新的一次谈话.教育事业·教育科学·教育艺术 [M].北京：人民教育出版社，2011：592.

点都不知道，怎么可以自吹是创立了新理论、新模式呢？"①

　　所以，这些所谓的"教育创新"，要么是贩卖焦虑，要么就是以讹传讹，缺少了最根本的科学观，面对教育这个巨系统，人们在不断地思考、实践、总结，各类教育书籍也数不胜数。但每位教育者（包括老师和家长等），最重要的也是最基本的，还是要老老实实回到科学的教育上。

---

① 吕型伟．教育事业·教育科学·教育艺术 [M]．北京：人民教育出版社，2011：584.

第一节　发现孩子的可持续发展

发现孩子的特质，是需要时间的，这符合统计学的要求。任何数据或者案例，只出现一次或几次，只能作为特例处理，只有持续地出现，才具有真正的科学规律。大数据当然更好，但大数据首先要有效，不然也会偏离科学性。我曾经在一本杂志上看到过一个研究，作者很自信地分析道，根据采集的数据，学业优秀的孩子有个共同的特点，就是睡眠时间比较充足。于是作者说，要保障孩子的睡眠，这是学业优秀的条件。这个分析，就是把相关性和因果性等同，而且前后关系也反了。根据我们日常的观察，恰恰是因为孩子学业优秀，能合理分配时间，所以自然有比较充分的休息时间，而不是因为休息时间充分才变得优秀。

孩子的成长是一个长期的过程

教育的"反射弧"是比较长的，一方面是教育中相同的情境出现的概率不高；另一方面，很多感受要等到孩子有足够经历的时候才能体会，譬如很多人都是在自己有了孩子以后，才明白父母教育自己的不容易，但这个时候，父母也已经老了。一般的教育行为产生结果的时间，虽然不一定会有这么长，但要教育有"一课一得"，可能是失之偏颇的，如果非要"一课一得"，大约也只是达到学习层面的目标，方法层面、价值观层面是达不到了。教育需要长时间积累才能形成效果，可以说，教育没有捷径。所以，我比较反对一些高效学习的做法，我觉得这从量上可以达到：今天背50个单词，运用合适的方法可以背60个单词，这是高效了。但教育更重要的是质，今天虽然背了50个单词，但学生思考了学习方法，学得很愉快，从质的层面，就不能说不高效。

对教育的长期性的正确理解，是解决教育焦虑的一帖良方，我们的教育太着急了，太焦虑了。焦虑的其中一个原因，是我们非常关注教育的"量"，谁家孩子已经学到下个学期的知识了，自己孩子还没学到，不就焦虑了吗？谁家孩子在某某机构培训，自己孩子没去，不就焦虑了吗？谁家孩子考试考满分了，自己孩子没考到，不就焦虑了吗？但我们在看别人家的孩子成绩的同时，关注过自己的孩子究竟是怎么学习的吗？学习中有困难吗？自己孩子最喜欢的学科和老师是谁？自己孩子这段时间的好朋友是谁？孩子的睡眠质量好吗？孩子写作业的环境好吗？……

【例5-1】孩子感兴趣是教育最好的时机

记得三年级时，我和儿子小能放学路上会经过环城西路的一家面馆，面馆的名字很有趣，叫"阿Q面馆"，我便停下来对儿子说："你知道吗，其实这家面馆不叫阿Q，应该叫阿桂（贵）。"小能的小眼睛里一下冒出了一堆问号，追问我原因。

我说："要是你看过《阿Q正传》，肯定就知道了。"原来在书中，阿Q活着的时候，人都叫他阿Quei（绍兴话），鲁迅曾仔细想，阿Quei，到底是阿桂还是阿贵呢？他写道："倘使他号叫月亭，或者在八月间做过生日，那一定是阿桂了；而他既没有号——也许有号，只是没有人知道他，——又未尝散过生日征文的帖子：写作阿桂，是武断的。又倘若他有一位老兄或令弟叫阿富，那一定是阿贵了；而他又只是一个人：写作阿贵，也没有佐证的。其余音Quei的偏僻字样，更加凑不上了。"

小能听完，更感兴趣了，回头就和我一起去书店买了三本鲁迅的小说。按理说，一般小学生接触鲁迅都是在六年级的课本中，但我认为，读书并没有早晚，孩子感兴趣的时候，就是最好的时机，哪怕他看的时候一知半解也无妨。

还有一次，小能在学校里学了课文《生命，生命》，课后老师布置了一个作业：写一篇关于"生命"的文章。课文的第一句话就是作者的自问"我常常想，生命是什么呢？"对于这个问题，孩子自然也不清楚。踏破铁鞋无觅处，得来全不费工夫。有一天我们看到路边栅栏的缝隙中歪歪扭扭长出了几棵柳树苗，细小却充满生机。我告诉小能，这就是生命。

我清楚地知道，把课堂内容结合到生活中是最难的，我希望通过这样的方式告诉孩子：我们的生活就是一本书。

第十名现象：不同阶段孩子的发展速度不一样

著名心理学家斯滕伯格曾提出成功智力理论，他认为，成功智力是达到人生中主要目标的智力，它包括创造性能力、分析性能力和实践性能力。成功智力在现实生活中不是固定不变的，而是可以不断修正和发展的。我们在教育中要使孩子在学业智力和成功智力方面保持协调、平衡，要发展孩子的人际沟通能力、管理领导能力、艺术创作能力和动手能力。

拥有成功智力的人不仅会努力寻找可以胜任的工作，而且还能创造与众不同的工作环境。他们自己创造机会，而不是让机会受自身所处环境的制约。

一位美国教育学教授在3000人中做过这样一个实验：用60年的时间调查研究这些人的学校成绩和将来成就之间的关系，结果发现两者间并无必然联系。

日本的松下公司有一种很特别的择才标准，即"寻求70分人才"。公司创始人松下幸之助认为，人才的雇用以适用公司的程度为好。才能过高，不见得一定对公司有用。这种选才用才方法，与第十名现象是如出一辙的。[1]

---

[1] 辛岩.教育中的心理学：第十名现象 [J]. 河北师范大学学报，2016（05）.

【例5-2】第十名现象：小学领先有用吗？

周武是天长小学多年的班主任老师，目前已经退休了。早在20多年前，周老师在教育界的名气就很大，因为他发现了"第十名现象"。

1989年，他开始了一项关于天长小学毕业生成长经历的跟踪调查。在10年的调查中，他发现了这样的规律：在实行百分制的情况下，小学期间前几名的"尖子"在升入初中、高中、大学（乃至工作之后）有相当一部分会"淡出"优秀行列，而许多名列第十名左右的学生在后来的学习和工作中竟出人意料地表现出色。周武将这一现象称为"第十名现象"。

周武在充分跟踪调查的基础上发现，家长督促、强迫孩子挤进"前三名"或"前五名"，会让孩子压力很大，使他们在培养兴趣爱好、拓宽知识面、发展个性等方面受到很大制约，又因为他们都是听话的"好孩子"，一些潜在的个性也会被束缚。

位居十名左右的学生，成绩不是最优秀的，但他们大都比较活泼、兴趣广泛，老师往往容易忽视这些学生，因此其独立学习的能力较强，有很大的潜力。这是他们有后劲和成才概率较高的主要原因。

周武说："这种尖子生与'第十名'的差别，实际上就是用10分力气得了9分收获与用5分力气得了8分收获的差别。相比之下，后者分数虽稍低，但潜力和能力要胜过前者。"

第二节　孩子的自我成长：时间能够解决的问题

　　小学生的发展差异比较大，有的二年级的孩子可能因为超前学习，基本上都能达到四五年级孩子的知识水平（有限知识或者说书本知识）。

　　某日，一篇大班孩子写的日记在很多家长的朋友圈疯传。这篇日记一共有五页多，七八百字，全文没有一个拼音，字也写得很端正。日记非常详细地记下了自己参加杭州一所民办小学体验课的内容，其中数学课的内容写得非常详细，不仅写了老师讲的内容，还有自己的分析。

　　我们联系了日记中提到的民办小学。负责老师说，这确实是学校上周六上午的一次体验课内容，日记中写的和数学课上的内容基本一致。这位老师还评价说："这孩子太牛了，很聪明，记忆力超强！对于不少内容她还有数字化的思考，太不容易了。只有一点问题，年份写错了。"

这所民办小学的报名非常火爆，老师们见的"牛娃"也不少。"有些孩子几百以内的加减法运算已经很熟练了，也有孩子能做六年级的数学题目。这个孩子的难得在于，她的整个思维过程很清晰，而且可以准确地将过程复述出来。我们的很多学生还在为写一句话纠结，真是不能比啊。"[①]

但如果我们看了她的日记，就会发现和五六年级学生优秀的日记还是有差距的，她的日记是达到了800字，我们都知道，文章字数是最简单的标准，评判文章质量优秀的主要标准肯定不是字数。同时，因为文章采用的是记述的表达方式，如果孩子掌握了一些简单的知识，是可以不断往下写的。所以综合来看，孩子的能力，还是尚未远远超越自己的年龄层次。

"抢跑"不是好办法

因为根深蒂固的观念，我们家长总是希望孩子学得早一点，学得多一点，最能体现这点的就是参加"幼小衔接""中小衔接"培训班，到了初中和高中，家长好像就没这么焦虑了，因为估计也"抢跑"不了了。

"抢跑"的原因还是出于"不要输在起跑线上"的心理，但实际上我们也不知道学习有没有起跑线，有多少起跑线，起跑后距离终点还有多少距离。总体上说，不要输在起跑线上，是有一定道理的。就是说在学习方面，不要过早地在刚开始的时候落

[①] 姜晓蓉. 杭州6岁大班女孩能写800字日记！还能轻松解六年级数学题！ [N]. 都市快报，2017-09-11.

后。但到后来，变成了很多人想早跑，想多领先一点，但又不是很得法，就会产生一系列问题。教育也很奇妙，一个概念在传播过程中，就可能会出现问题，这本身就是缺少科学性的表现。如"教学"这个概念，自然就包括"教"和"学"，但后来变得好像只有"教"了，后来又提出了"学教变革"，好像"学"在前面，"学"就更加重要了。也有专家提出"教室"这个概念也要变，变成"学室"，其实，没有哪一个教室里面没有"学"的行为的。

【例5-3】拼音要提前学吗？[①]

　　小学老师提醒家长，参加知识灌输型的幼小衔接班，效果可能会适得其反。"最近几年来家长报名都很踊跃，经常出现大清早就有家长排队来报名却报不上的现象。"杭州一家知名幼小衔接专业培训机构的暑期招生简章中这样提到。该机构的负责老师明显感觉，"近三年，家长对幼小衔接特别重视"。同时，她坦言，部分家长是受周围朋友影响，报名了幼小衔接班。

　　"妈妈，我不想去上学。我的拼音读不好，字不认识，写得也不好。我成了全班最差的了，怕老师批评我。"Penny的儿子，仅上学两个月，每天上学前就这样哭着对妈妈说。

　　她儿子的班上共有38名学生，其中30人上过幼小衔接班。她的儿子与同桌女孩，均没上过，字也不认识几个。在拼音测试中，他们俩的分数常垫底，只有80余分。Penny每天都在纠结中度过："之前，我跟丈夫一直奉行顺其自然的原则。我们觉得什

_____

① 金丹丹. 抢跑小学一年级：心急妈妈押宝幼小衔接班 [N]. 今日早报，2013-07-16.

么年龄做什么事情，也就没有送孩子去读幼小衔接班。我们也试着让他看拼音故事书，可他不愿意读，我们也就没有逼。可是现在，我开始怀疑，顺其自然的教育观，到底对不对。"

上周，她儿子的小学一年级生活已结束，语文的期末成绩91分，仍在班上垫底。对此，儿子的心态已是"无所谓"。而Penny也转变了态度，"还是得提前学点，有优势"。她决定，小女儿念中班时就教她认字，大班学20以内的加减法，大班暑期学拼音。

教育的内卷之严重从上面的文章中可见一斑。家长为了让孩子入学后马上适应，为了小学一年级就取得好成绩，也的确是很拼啊！当然，家长的投入，在孩子上小学的第一个学期会有一些看得见的优势，但这些优势，差不多很快就消失了，到下一学期基本就回归孩子本身的正常水平了。有的孩子继续很出色，但那不是孩子先学的缘故，这些孩子往往学习习惯好，家庭氛围好。当然，顺其自然并不等于放任自流，自然是天性，顺其自然则是针对孩子的天性实施引导和教育。

头痛往往需要医脚

苏霍姆林斯基曾说："没有需要机械地遵守教育教学规律的抽象学生，没有一个完全一致的前提条件能适用于所有学生，使他们都获得好的学习成绩。"[1]也就是说，教育要根据学生的具体情况选择合适的策略，而不是生搬硬套。

---

[1] 苏霍姆林斯基.给教师的建议[M].赵聪，译.长沙：湖南人民出版社，2021：66.

"头痛医头"，有时候可能解决的是表层问题，譬如学生某天作业忘记做了，老师第二天利用中午时间监督学生完成。这次作业是完成了，但学生下次作业是否能按时完成？所以还要解决"脚"的问题，解决学生学业中的深层次问题，如学生家里是否有书桌？学生是否能合理安排自己的时间？学生题目不会做的时候是否会找人咨询……解决了这些问题，学生才能慢慢养成按时完成作业的习惯。

古希腊学者普罗塔戈拉说："头脑不是一个要被填满的容器，而是一束需要被点燃的火把。"这句话隐喻的是，只要积极引导，我们就可以打开学生的大脑思维，从而促进学生各方面的发展。

小学生的身心特征告诉我们，从学生感兴趣的领域着手，往往能取得事半功倍的效果。学生喜欢阅读，我们就从阅读入手，通过聊不同的书引导学生；学生喜欢运动，我们就从运动入手，教学生在运动中学会团队协作、学会增强顽强的意志力、学会坚持就是胜利。就说培养孩子的阅读习惯吧，可以从学生喜欢听的或者阅读的书导入，在和学生聊天的过程中帮学生拓展阅读视野，养成阅读习惯，进而走向阅读经典图书之路。因为经典的书，往往内容丰富复杂，经过了岁月的积淀，需要相关知识背景，并不一定适合低层次阅读者。

【例5-4】不爱语文，那就聊运动吧！

有个学生名叫Y，是个可爱的胖胖的小子。我接班的时候，他妈妈说，自己儿子语文不太好。我觉得要用积极的暗示改变这一问题。一开始上课，我就请他做语文课代表，估计也是出乎他的意料，小孩子很是乐了一阵——因为一般来说，老师总是选择自己最喜欢的孩子当课代表。

这个小胖子很喜欢篮球，虽然我只有一点"三脚猫"功夫，但应付他还是绰绰有余，我经常和他讨论些篮球知识。虽说教学相长，但我们会更多关注对孩子知识的纵向比较，实际上，横向的教学相长更加有意思——因为孩子的喜好不同，我们会接触到不同的事物，这是多么有意思的事情啊！

后来有一次，浙江电台要做一个叫作《习作一点通》的节目，我带着他和其他孩子来到省体训大队对运动员和教练员进行采访，一听说采访运动员，小家伙可高兴了——但我的本意是通过采访使他明白，做任何事情都要勤奋，这一理念也可以运用到学习上，同时这一机会也能使他的学习积极性得到进一步提高。当时的采访很成功，我记得和我同去的F老师说："这么枯燥的动作，运动员一生不知道要做多少次，相比而言，我们的学习要有趣多了！"这件事情对孩子的触动还是很大的，我明显发现，采访过后，小Y做事情变得积极了，语文学习也不被动了。

后来我调到了另外一所学校，第一个来学校看我的就是他。多年以后，当时学校的潘校长告诉我，有一次她碰见小Y妈妈，小Y妈妈还一直在说我和她儿子之间的事情。

第三节　孩子的思维是跳跃的

孩子的思维有着跳跃性的特点。

跳跃性思维是指一种不依逻辑步骤，直接从命题跳到答案，并进一步推而广之到其他相关可能的一种思考模式。跳跃性思维的人思考能力很强，接受知识的能力却较弱。

孩子的跳跃性思维和我们日常教育教学依赖的逻辑思维是有差别的，在我们看来不相干或差别较大的事物或想法，在他们看来却是有联系的，双方就会产生思维不能同步的不适应感。

面对孩子的跳跃性思维，我们需要尊重孩子的思维方式，在心理上有悦纳的准备，同时，我们要读懂孩子的思维特征，做出合理的分析和判断。

天生的哲学家：稀奇古怪的问题

每个孩子都有一些稀奇古怪的问题，一方面是因为孩子思维的跳跃性，另一方面也是因为孩子看到的"侧面"有可能是我们不关注的。所谓稀奇古怪，实际上就是我们平时没有发现。

我在网络上看到过这样一个有趣的视频：女儿想出去玩，向爸爸提出要求后，爸爸回答："不行！"没想到，爸爸的"噩梦"开始了，女儿问："为什么？"爸爸说："现在是早上五点钟。"没想到女儿继续问："为什么？"爸爸只好说："天还没亮呢！"女儿继续问："为什么？"爸爸说："太阳起晚了……"女儿问："为什么？"……

视频是否真实不知道，呈现的问题虽然有一点夸张，却符合孩子的天性，我们觉得没有问题的地方，对孩子来说都是问题。所以有人说，孩子是天生的哲学家，就是因为他会不断地问"为什么？"而成人，已经懒得问这些问题。

【例5-5】把自己当成孩子

一日，和小能在小区里锻炼，邻居大伯走过来，说："你儿子很听你的话的哦！"我笑了一下，儿子忍不住了，大声说："他也很听我的话的！"我听明白了，赶紧说："我是很听他的话的！"儿子一溜烟玩皮球去了，留下大伯一脸愕然站在那里看着我……

以儿童为中心的瑞吉欧教育理念的代表人物马拉古齐说孩子有100种语言。要读懂孩子的语言，最好的方法就是把自己当成孩子，与孩子一起思考，一起欢笑。

每天送小能上学时，他坐在电动车后面，一路上我们会神聊各类话题，主要是我听他说话。小能很会问问题："老爸，一千公斤是一吨对吧？""对啊！""那一千公里是多少吨呢？"这个我还真不知道。

"老爸，给妈妈买块定胜糕吧！这样，妈妈工作能轻松一点。"这定胜糕变成"万能糕"了，但我很乐意带着儿子去买来，看着妈妈喜滋滋地吃完。

"今天，我们张老师的话很'卡通'，他说不要一口吸成大胖子！"哦，用"吸"字在儿童眼中不是错误而是卡通化的表述，讨论完我们两人就哈哈大笑起来。

有一天更离奇，"爸爸，我昨天看见一个和省博物馆一模一样的建筑！" 虽然心中纳闷，我还是毫不犹豫地说："哦，这个要去看一看！"一路听儿子指挥，走到环城西路，儿子手一挥，"你看，那个建筑和博物馆很像啊！"我定睛一看，这本来就是博物馆啊，只是角度不同而已。我顺着路骑到博物馆，儿子终于明白他看到的就是同一幢建筑。①

儿童善于提出问题的习惯远比问题的正确与否更加重要，我们总是说孩子到了后来就没有问题了，因为他后来没有了提问题的兴趣：提出的问题，我们要么是很简单地判断没有价值，要么就是直接告诉孩子答案，要么就是不置可否……长此以往，孩子自然就没有问题了。面对孩子的问题，首先我们要表示接纳，不管这个问题有多么离奇；其次是不妨带着孩子一起去解决他提出

---

① 庞科军. 爸爸在这里啊 [N]. 今日早报，2013-10-23.

的问题，这也是培养孩子自己解决问题的能力，如果他养成了一有问题就询问、探究的习惯，就会从中学到很多。因为从广义的学习上来说，学习要么是问别人，要么是问自己，而问自己是更加重要的学习方式，所谓一切好的学习皆为自学。

寻找自己独特的"生长点"

下面讲述的是一则耐人寻味的动物故事。

动物们聚在一起，决定办一所学校，教育委员会由狮子、老鹰、海豚和鸭子组成。

狮子坚持认为跑步应该成为必修课；老鹰认为所有动物都应该学习飞翔；海豚则说："不学游泳，就不是真正的教育。"

汇集了大家的建议后，教育委员会出台了一份教学大纲。其开头写道："动物王国的每个在校学生都要学会教学大纲规定的所有课程。"

狮子在跑步课上表现最好，但学其他功课时问题不少，它爬树爬不高，更不要提飞翔了。由于不得不一次次地练习飞翔，它的脊柱受了伤，连跑步都无法正常进行，结果跑步考试也没能得到高分。

老鹰比狮子强，依靠着强有力的翅膀，它好歹过了跑步考试。然而游泳时，水却打湿了它的翅膀，让它变得虚弱无力。受到游泳的影响，就连原本不在话下的飞翔考试也差一点不及格。

海豚身体肥胖，一离开水面就变得笨重极了。它无奈地看着另外两门课的教材，只好选择了放弃。看来它是拿不到毕业证书了。

鸭子倒是学会了所有课程，但没一样精通，跑起步来像醉汉，游起泳来瞻前顾后，飞翔水平更是笨拙无比。不过大家却认为在它身上总算看到了教学成果。[①]

而如果狮子学跑步，老鹰学飞翔，海豚学游泳，表面上动物们都学得不"全面"，但却能让它们发挥各自优势，各有成就。

【例5-6】画画是件快乐的事吗？[②]

当年那个喜欢涂涂画画的男生钱锡青，向老师提出想以画画代替日记。连他自己也没想到，老师竟然会同意。从此，他的日记本变得生动有趣。这本"美术日记"至今还保留在老师周武这里，而这名爱画画的男生，也沿着这条道路继续走了下去。如今的他已是一名中国美术学院毕业生，正坚持做着自己喜欢的事——为儿童读物画插画。

作为1996年毕业的校友，他在校庆日送给母校一份特别的礼物——插画小书《画画是件快乐的事情》。"母校校庆，送这样一份礼物非常应景，校庆也是一件快乐的事情。"钱锡青说，他用这种方式感恩母校的因材施教，天长30多年坚持的差异教育理念，让他一直沿着画画这条专业道路走了下来，成为一名知名的插画家。

钱锡青是1990年进入天长小学的，两三岁时受爸爸的熏陶开

---

① 蒋静雅 . "动物学校"的启示 [J]. 教育文汇 .2008（11）.
② 梁建伟 . 小学用画画代替写作文长大成为知名插画师 [N]. 钱江晚报 .2017–05–31.

始涂鸦，而后画笔一直伴随着他。高中读的是杭七中美术班，后来考入中国美术学院，目前是名插画师，开办了一家工作室，专为儿童读物画插画。

钱锡青至今记得，在读五年级时，语文老师要求班上每个学生每周写三篇日记。"当时我跑去跟老师说，能不能以画画代替写日记？想不到，语文老师竟然同意了。"

从这以后，别的同学每周交三篇日记，钱锡青只要交两篇就可以了，另外一篇是他的画作。"主要画一些生活中的小故事，比如和爸爸出去看电影，在家里洗衣服、晾袜子，以多格漫画的形式出现。"钱锡青还专门为自己设计了一个卡通形象，每次写日记时都沉浸在自己的绘画世界里。

特许钱锡青写"美术日记"的语文老师叫周武，是天长小学的资深语文老师。

周老师说，钱锡青是个爱画画的男孩子，他的美术特长很突出，参加过各种美术类比赛，经常获奖。"面对有差异的学生，实施有差异的教育，促进有差异的发展，获得有差异的成果，这是天长小学坚持了30多年的差异教育理念。天长小学的老师们都是这样做的。"

第四节　用最接近孩子心理的方式教育

为适应孩子的心理特点及认知规律，教师要善于运用贴近孩子心理的语言与其交流，注意语言的形象性。这也包括用和孩子接近的方式和其建立良好的私密关系，这些方法可以归纳为家庭式教育，包括共同进餐、共同玩耍，甚至于共同做一些"违规"的事情。为什么做这些事情容易和孩子建立良好的关系？因为在做这些事情的时候，孩子是最真实的，也是父母最靠近孩子的时候。

林清玄曾写过自己的老师请他吃饺子的事情：

住在学校时认识了许多死党，加上无人管教，我的心就像鸟飞出笼子一样，几乎把所有的时间都用来读课外书、画画和写文章。每到假日，我就跑到台南市去看电影、逛书店。

我的高中生活大致是快乐的，除了功课以外。学校的功课日渐令我厌烦，赤字一天一天增加，到高一结束时，有一大半的功课都是经过补考才通过的。这时，我暗暗地准备辍学或转学，当我把这想法告诉爸爸，他气得好几天不和我说话。有一天，他终于开口了："你再读一学期，真的不行，再转回来吧！"（意为回到家乡高雄——编者注）

升入高二，我们换了导师，是一位七十岁的老头，听说是北京大学毕业的，因为在省中退休，转到私校来教。他就是后来彻底改造我的王雨苍老师。

开学不久，他叫我去他家包饺子，然后告诉我："你发表在报纸上的文章我看过，写得真不错。"这是第一位确定那些文章是我写的老师，以前的老师都以为只是同名同姓的人。然后，王老师告诉我，他从事教育工作快五十年了，学生的素质他差不多一眼就可以看出来。他之所以退而不休，转到私立学校教书，不只是因为兴趣，也是为了寻找沧海遗珠。

吃完师母的饺子，告辞的时候，王老师搂着我的肩膀说："你有什么想法，随时可以来找老师谈谈。林清玄，你不要自暴自弃呀！"我从未被老师如此感性地对待，当场就红了眼睛。

接下来就像变魔术一样，我把一部分的心力用在课业上，功课虽然不好，也还在及格边缘。由于王老师的鼓励，我把大部分心力用在写作上，不仅作品陆续发表在报纸杂志上，还连续两次得到全台南市中学作文比赛的第一名。这使我加强了对自己的信心，也更坚定了日后的写作之路。不管是写作文还是周记，或是发表在报上的文章，王雨苍老师总是仔细斟酌、修改，与我热心讨论，使我在升学至上的压力中还有喘息的空间。渴望成为作家的梦想，在我的高中生活中，犹如大海里的浮木，使我不致没顶。王老师则是和我一起坐在浮木上的人，并且帮我调整了浮木的方向。在我高中毕业的时候，我不再对前途畏惧了，虽然大学的考试一直不顺利，但是我知道，我的写作信念不会再被动摇了。[①]

教育的力量不就是改变吗？虽然我们并不确定，王老师的这顿饺子中的谈话，是否比课堂上的讲课更加重要，但至少，教育的力量不仅仅来自课堂。

吃是孩子最早的"嗜好"

陈鹤琴先生认为，小孩子只喜欢两桩事，一桩是吃，一桩是玩。随着现代社会的发展，孩子除了吃，有了更多的选择，但不能否认的是，吃是孩子最早的嗜好。围绕吃开展的教育，是孩子欢迎的教育，有一段时间我们老师讨论"六一"怎样搞活动才能受到学生的欢迎，我和大家说，凡是符合三个条件的活动，都会受到学生的欢迎：吃、玩和自由。后来我们设计的活动是冷餐会和露营，很受学生欢迎。

如果我们留意一下就会发现，孩子一般都会有偷偷吃东西的经历，同学之间如果是好朋友，一般也会一起吃东西。有经验的

---

① 林清玄 . 盛开于繁花的季节 [M]. 杭州：浙江文艺出版社，2019：75-78.

老师，一般也会在办公室里备一些吃的，像饼干啦，糖之类的东西。让学生补作业的时候，教育批评学生的时候，一块小饼干，一颗巧克力糖，能够起到事半功倍的效果。吃是老师能够和学生进行良好沟通的桥梁，也是让学生感受到自己和老师之间亲密关系的桥梁。

【例5-7】 一块鸭肉

班级里有个同学叫小Y。

一接班我就发现他与众不同：上课时基本在玩小物件，作业总也要催了才做。

我很诧异于他这样的表现，便走访了他的家，妈妈说他经常待在自己的房间里半天不出来，就是在玩自己的小东西。我大概有点清楚他的情况了，就是与人接触得太少，与人交流太少，以至于思维总是在自己的空间里。

我千方百计地想办法，让他在课堂上发出声音，好几次请他起来发言，他都不说话。

我的基本判断是他对环境或者老师缺少安全感。因为我在下课的时候观察过他，有时他也能和同学玩得很开心。

我首先给他取了个昵称"小Y"，每个人对别人怎么称呼自己都是很在乎的，他大概觉得这个称呼不错，后来妈妈说，老师叫他"小Y"时他很开心。

平时我也会给予他一些表扬，譬如作业准时交了的时候。

有一天中午，我在班级管饭，看到菜里面有鸭肉，我就和小Y

说："小Y，你今天上课很认真，老师奖励你一块鸭肉！"所有的同学都"啊"的一声，这近乎夸张的声音正是我所需要的，我看到小Y略一迟疑，就很快地走过来把鸭肉吃掉了。

我必须声明的是，鸭肉确实很好吃，我也确实不是吃不掉，我就是想和小Y建立比较亲密的关系。

有一次开家长会时，他妈妈反复和我说鸭肉的事情，我就知道，这件事情是有价值的。

孩子其实很简单，他能感觉到老师对自己的好！

现在，至少在学习方面他已经不需要我太多的提醒，我期待能有更好的机遇推进他的发展！

故事是孩子最愿意接受的教育

陈鹤琴先生说："讲故事是对儿童进行语言教育的主要形式之一。"他又说："爱听故事是儿童的天性，一个正在吵闹啼哭的孩子，你说讲故事给他听，他可能会瞪着泪水汪汪的眼睛，凝神听你讲故事。"[①]孩子是很喜欢听故事的，主要是故事使孩子有代入感，故事中的情节和人物往往被典型化了，容易被孩子所喜欢。孩子不仅喜欢模仿故事中人物的腔调，而且喜欢模仿故事中人物的行为。所以，故事教育也是一种有效的方法。

孩子喜欢听的故事往往有以下特征：内容吸引人，总有些孩子喜欢的情节；情节有重复，而且往往会有三次重复，这样孩子

---

① 陈鹤琴.儿童语言教育 [M].陈秀云，柯小卫，选编.南京：南京师范大学出版社，2013：5.

在听到第三次的时候，他就有预测和编写的乐趣；情节往往会发生转折，引人入胜，在情理之中而又出人意料。

为了让学生明白"学习要下苦功夫练基础"的道理，我为一年级的学生讲过好几次《岳飞学艺》的故事，每次都很受学生的欢迎，我觉得因为它符合以上的几个特点：岳飞是杭州孩子熟悉的人物，看看他小时候的表现容易激发学生学习的兴趣；这个故事有重复性，我一般自由发挥说第一天岳飞怎么摇树，然后又说第二天岳飞怎么摇树，每次我说到第三天时，学生就会接着说怎么摇树。故事听到最后，学生内心也就明白了"学习一定要打下好的基础"的道理。

【5-8】岳飞学艺

岳飞12岁那年，投到一位外号叫"搬不动"的老师门下学艺。"搬不动"并不教他武艺，却每天让他手拿镐锹、肩挑扁担，在山上山下挖坑担水栽树。一连两个多月后，漫山遍野几乎栽满了树，可"搬不动"还不说教习武艺的事。岳飞心想，我为报效国家前来拜师学武，不能光栽树呀。"搬不动"看出岳飞的心事，笑笑说："功夫志中来，志在耐中磨。"

过了三个多月，树栽完了，岳飞开始帮师傅干杂活，师傅还是不提学武。岳飞挂念老母，提出回去看望老母，"搬不动"说："要学武艺，功在苦中练；要想卫国，须先舍小家，哪有学不到武艺，就中途退却的道理？"从此岳飞再也不提回家的事了。

　　春节将临，"搬不动"把岳飞叫来说："你来到我这里共栽了三千六百棵树，从明天早上开始，你去把这些小树一棵棵挨个儿摇一摇，不准折断一枝，不准漏掉一棵，太阳出来之前，就得摇完。"从此，岳飞半夜就起床，打水扫地伺候好师傅后就去摇树。开始，累得腰酸腿疼，太阳出来才刚摇完。

　　到第十天，离日出还有一个时辰，岳飞就摇完了，腰不酸，气不喘。正好"搬不动"也来了，他抚着岳飞的头说："鹏举（岳飞字）呀，俗话说，功夫，功夫，全在工夫。没有工夫，哪有功夫！你跟我一年，看来功夫学得差不多了，明天可以回去看母亲了。"岳飞很奇怪，说："师傅，你还没教我武艺呢！"

　　"搬不动"摇摇头说："武艺我不教，我只是教你一点武艺之外的功夫，有了这点根基，你学什么都不难了。"

　　岳飞辞别了"搬不动"，回到家后又跟周同师傅学习箭法，练就了一身绝技。

　　2020年初新冠疫情期间，学生们都在家里远程学习，在开始远程学习之前，我请学校大部队放了介绍学校里花草树木和教室的视频《春天，不会放慢脚步》，唤起学生的学习记忆。我又通过语音，和学生做了交流（《胜利者的启示》），用故事的形式让学生明白，做好充分的准备，按照学校的规划，坚持认真上好每一节课，完成有效的学习，是每一个学生都可以做到的。

【5-9】胜利者的启示

亲爱的同学们：

虽然我很不愿意以这样的形式和大家交流，但这是我们生活的一部分，理智告诉我们，这是现在我们能做的最好的方法，也是我们能够为我们这个社会、我们这个国家力所能及的事。

从今天起，我们将开启一段特殊的时光，在这段时间里，我们和老师，我们和同学，都在鼠标的两端交流，但我相信，我们的心是连在一起的。度过这段时光，是很有挑战性的，需要我们做好心理准备。当然，也可能有人会说，不就是待在家里学习吗？怎么会很有挑战呢？下面我和大家讲一个真实的故事：

大家都知道人类历史上第一个到达南极的是挪威的阿蒙森团队。实际上在差不多时间到达的还有第二个团队斯科特团队，但已经几乎没人记得了。

这两个团队的结局，从出发时就已确定了。

在物资上，阿蒙森团队虽然只有5个人，但带了3吨物资；而斯科特团队采用精确的物资计算方法，团队共15人，只带了1吨物资。

在速度上，阿蒙森团队无论天气好坏，每天前进30公里；而斯科特团队天气好时，行进60～70公里，天气不好时，团队就躲在帐篷里。

在工具上，阿蒙森团队用了很多爱斯基摩犬，斯科特团队用了马和摩托车。

结果在回程的路上，斯科特团队全军覆没。

现在我们来回顾这个故事，看看阿蒙森团队的胜利能带给我们什么启示：

1.最充足的准备很重要。阿蒙森团队做足了准备，准备了3吨的物资。斯科特团队做了精密的计算，准备了1吨物资，但未来的很多事情并不按照精确计算发展，结果导致其后期物资不足，全军覆没。故事告诉我们，准备要充分，再充分，把困难看得多一些。

2.最大的力量在于坚持。阿蒙森团队每天只走30公里，无论天气好不好，时间多了就好好休息，天气不好的时候就咬紧牙关走完30公里。而斯科特团队天气好时可以走60～70公里，天气不好的话就在帐篷里骂天气。如今老师们也给大家做了科学的规划，今天读课文，明天做习题，我们不要像斯科特团队一样，心情好就做很多，读很多。今天不想学，就什么都不做，最后还要老师催促。优秀者有一个最大的优点，就是有了目标后一直向前努力，虽然短期内看上去进展不快，但时间长了，积累多了，就会成为胜利者。

3.最普通的工具才最有效。故事里斯科特团队用了马和摩托车，看上去很先进，马能驮的东西当然比狗要多一些，所以刚开始前行速度很快，但靠近南极时，马出的汗会被冻住，结果不断倒下。摩托车速度很快，驮的东西也很多，但和马一样，在冰天雪地的南极被冻住就寸步难行，后来只能靠人力搬东西。狗拉雪橇的方式，看着比较普通，速度也不快，载的货物也不多，但确实是适合南极的工具，也没有给阿蒙森团队拖后腿。在我们的学习中，最普通的工具就是书本和铅笔盒，大家不要小瞧这些工具，数千年来我们依靠的都是书和笔。我们一定要相信，只要有这些最基本的工具在，我们就能学好知识，而不要一离开老师，就不会学习了。

同学们，我们一起来总结一下，会发现做胜利者也不难，就是做有准备的人，就是做每天坚持的人，就是做利用好普通工具的人。为了实现远程教学，老师们和你们的父母做了充分的准备，我相信大家也做好了准备。所以，接下去的几个星期里，就看我们能不能每天坚持，就看我们能不能借助网络，把学习中的最普通的工具使用好，做到了这两点，胜利就会属于你！

同学们，我非常相信大家都能度过这个特殊的时期并学有所得。我也希望，当你遇到困难的时候，遇到问题的时候，能够想起这个故事，明白胜利者不是做了什么惊天动地的大事，而是把每一件小事做好，然后继续前行。

我期待在紫阳校园里和大家再次相聚！谢谢！

1+2=3

第 **6** 章

孩子需要的不仅仅是陪伴

母亲呵／天上的风雨来了／鸟儿躲到它的巢里。
心中的风雨来了／我只躲到你的怀里。

——冰心

　　关于孩子是否需要陪伴的话题，有明显的两派意见。一派是"陪伴派"，建议父母一有多的时间就和孩子在一起；一派是"非陪伴派"，觉得孩子的成长和父母的陪伴关系不大。这两派观点都有片面性，主要是没有清楚成长视域中的陪伴的内涵。

　　从孩子成长的角度看，陪伴肯定是需要的，因为孩子成长的过程中需要榜样，需要模仿的对象，每个人最开始模仿的对象就是自己的父母。当和自己的父母相处的时候，我们就会在潜意识里被影响，于是，当自己成人后，便把父母对待自己的方式照搬过来，也这样对待自己的孩子。

　　孩子在成长的过程中会遇到失败，这就需要父母的陪伴；孩子在成长的过程中会出现一些问题，这也需要父母的陪伴并帮助孩子纠正错误；孩子在成长过程中遇到特殊情境的时候，更需要父母的陪伴。父母需要看见孩子的情感需求，而不是只看到孩子外在的表现。

　　严格意义上说，孩子需要的是关键时间点上的陪伴，这类陪伴不是说人一定要在孩子身边（近距离或者肢体的陪伴当然也需要），重要的是在精神上支持孩子，用内心真实的感受和孩子交流与沟通，传递给孩子爱、信任和安全感，建立和孩子的相互信任及亲密感。陪伴也不是只在时间长度概念上的陪伴，很多全职妈妈纳闷：我天天陪着孩子，但并没有拉近与孩子的距离，也没发现孩子发展得很好啊？用上面的观点分析，就很容易理解了，因为你的陪伴没有在"点子"上。还需要注意的是，有一类陪伴被称为"隐性失陪"，指的是虽然家长有足够的时间陪在子女身边，但因为和孩子缺乏有效的沟通，从而造成精神上的失陪，最后表现为孩子对亲情淡漠、对父母缺乏信任，父母双方难以沟通；甚至因为父母长时间的陪伴导致孩子反感，那就更得不偿失了。

第一节　孩子的精神需要繁茂

孩子的成长既需要物质基础，也需要精神呵护，尤其是来自父母亲人的呵护。对于这点二战后法国孤儿院的例子就很典型，当时，不论城市还是乡下，物资配给都公平等量，但若干年后发现，乡下孤儿的死亡率远高于城市。原来在城市的孤儿院，经常有志愿者去抱或背孤儿，而在乡下，孩子本能的"肌肤饥渴"、精神呵护未被满足。

父母对子女来说是无可替代的，孩子能从亲子互动中获得安全感并诱发良性情绪，形成信任、依恋、依赖、期待等积极情感，学会交往，形成社会适应能力，并发展智力。可现在，一些父母把孩子交由爷爷奶奶、姥姥姥爷甚至保姆带，自己当"甩手爹娘"，殊不知这种做法弊大于利。等到父母发现孩子的一些问题时，最佳的亲子培育时间已经过去了，后续能做的就只有"亡羊补牢"了。

亲子交流是精神的契合

20世纪50年代，美国心理学家哈利·哈洛曾用猕猴做过一个有争议的实验：把若干小猕猴从妈妈身边强行带离，在实验室里准备了一个盛有热奶的钢妈妈，一个没奶的绒布妈妈。按照"有奶便是娘"的推断，心理学家估计小猕猴会亲近钢妈妈，可事实不然，小猕猴不饿到迫不得已，都不离开绒布妈妈，一吃完奶就赶紧找绒布妈妈。这个细节也让我们看到婴幼儿内心本能的向往和恐惧，他们对温暖的依恋和需求甚至超越了食物。这些小猕猴成年后，基本上都表现出冷漠、孤僻、不合群的性格，甚至会残忍地虐待孩子。这说明温暖的怀抱、慈爱的眼神、温柔的话语，是婴幼儿正常成长不可或缺的成分。

有研究发现，人与人之间的沟通，93%是通过非语言形式（语音语调占到38%，表情及姿势占到了55%），只有7%是通过语言。近几十年，中国的发展非常快，很多当今的父母成为曾经先富起来的一代，在市场经济的大潮中"冲浪"，这也带来了两个明显的社会问题：第一是这些父母将亲子关系"市场化"，当然这是比喻的说法。父母太忙，就请人帮忙带自己的孩子，这样往往会错过建立亲密亲子关系的时机。第二是父母太忙又带来另外一个副作用——只要和孩子在一起，总是"母（父）爱澎湃"。两种表现都形成了不利于孩子成长的亲子关系，影响了很多孩子的发展。

【例6-1】为什么孩子觉得没劲

小S是一个比较特别的学生。四年级的时候，他从台州转学过来，对人有礼貌，但玩耍的伙伴不多，可能是因为他有听力障碍，小的时候与伙伴交流少，总是说"没劲"。

一个本该朝气蓬勃的小男孩怎么会觉得"没劲"呢？

从暑假开始，我加大了对他的指导力度。因为我知道，学习的乐趣来自喜欢，而喜欢也有一个前提，就是有学习的能力。一个暑假指导的结果是，他完成了一本写得很好的习作选。

开学前夕的8月30日，他妈妈给我发了一条短信："孩子的作文是在网上抄的！"说实话，看到这句话，我并不是很恼火，因为我知道抄作业说明了这样一种态度：孩子对老师的作业很重视，但缺少正确的方法。至少就现阶段来说，我觉得需要保护孩子的自尊心，所以我和他妈妈说"没关系的"。

开学后的9月7日，他妈妈给我打了一个电话，说是被小孩气死了，我听了妈妈的"一通火"，还从背景中听到小S的声音，显然是两人争吵了。妈妈估计也想拿老师来镇住他，但显然没用，因为孩子的声音还是很响亮，也有关门声，应该是孩子自己躲到了房间里。我慢慢地听完，和他妈妈交流了几个观点：第一，孩子会发火，不是坏事，说明孩子到了青春期的边缘。第二，孩子和父母的意见不合，更不是什么坏事，这是孩子自己有想法的标志。第三，我会在明天和他聊一下。她妈妈听后说"庞老师，听你这么一说，我的气也消了"。我知道很多妈妈在这个时候都希望老师能帮她，给予孩子教育。但我实事求是地说，我们"教育"的意味太重了，这会慢慢失去孩子的信任。所以我就没有和再多说什么。

9月9日是第一次上社团的时间，小S参加的是美术社团。我之前提醒过妈妈要支持孩子的想法。我其实已经感觉到，小S其实缺少的是一个能够支持他学习的环境。但因为妈妈很忙，肯定会请另外的人；而且因为忙，自然面对有些事情会着急，其实教育的事情急不得，需要的是持续的关注。教育没有那么多的奇迹，需要的是长时间的影响。

这一周，小S来和我聊过一次，说想选择上两次社团课，我很干脆地告诉他："你自己决定吧！"心理学告诉我们，孩子的独立意识是在小学高段，大概是在11—12岁，但现在的孩子恐怕从四年级就开始了吧！

9月18日，我看到他最近写的几篇日记都很好，就给妈妈发了一条短信："小朋友最近的文章都写得很好！"妈妈说她在东北。其实我知道这个事情，因为我和小S聊天时已经知道这两天妈妈不在杭州。我主要是想告诉她，儿子是会长大的，是会在很多地方显示出优秀来的，于是我回复："我知道的，我问你儿子最近是否想妈妈，他说想啊！"后来和小S说起这些时，我看到小S脸上露出很真诚的笑容，孩子终究还是孩子，他会和妈妈发火，但妈妈在他心目中的位置也非常重要。我还问了孩子，为什么和妈妈闹矛盾。孩子就和我诉说了心中的不满，我一听就明白了，妈妈在家里还是比较强势的，没有很好地尊重孩子，我当然知道是因为妈妈很忙，但同时又觉得家长还是要对孩子耐心一些。孩子很难理解大人们所说的"忙"，或者说，我们其实很难用大人的想法和孩子沟通，孩子要在与父母的长久接触中，才能慢慢体会到大人的不容易，甚至到他长大成人后才能明白。

陪伴要有方法和支点

良好的陪伴要具备一些条件，这些条件有时候会成为对父母的挑战，所以，我们需要寻找一些方法和支点，在陪伴中让孩子成长，也成就自己。

在陪伴中要利用好边角碎片化的时间。作为上班族的父母，如何抽出时间陪伴孩子呢？可以充分利用上下班的时间，不刻意把陪伴孩子和自己的工作、生活分开，这能有效弥补陪伴时间有限的不足。特别是要做好一些前置性的功课，所谓前置性功课是指一些学习活动在孩子看来是自然发生的，但实际上家长做了认真的准备，这会为良好的亲子关系注入力量。

要规划好陪伴中的空间。孩子最好能多到自然中去，我一直认为，自然使孩子具有灵性，而且自然界中的环境往往更空旷，相对也就更安全。小溪边、草丛中，都是孩子喜欢的环境。

在陪伴中要有程序上的引导。陪是为了不陪。要锻炼孩子自我安排时间的能力，先可以一天为单位让孩子自主安排，后期可以以一周为单位，甚至更长的时间；指导孩子对所做的事情进行轻重缓急的简单区分，对先完成什么再完成什么设定合理的框架，慢慢地，孩子就形成了自主的习惯。

【例6-2】一篇作文的修改

我发现R同学在作文上还是比较吃力的，每天的日记都是写几句想象的魔幻情节。9月22日前的双休日，我和他说，尽量写一些不魔幻的事情，他听了表示接受。周一上课我看到他写了吃猪蹄的事情，给予了表扬。

9月23日上午，我外出听课了，中午回来去班级和R聊了一会儿，对他的文章表示肯定，并和他说了我的想法，建议他今天把周六的文章写详细一些。因为从上半年的情况看，他的作文是存在比较大问题的，主要是叙述得比较简单，写到200字以上就非常困难。而且，我观察到在课堂上他的注意力比较分散，比较关注周围的情况，一有风吹草动马上就转移了注意力。上课老师看他的时候，他总是装出认真学习的样子，但明显投入不够。我想从习作教学入手，唤起他的自信心，改变"为别人读书"的情况，真正激发孩子自主学习的能力。

9月24日，一查他的作文，还是写了一个幻想的片段。看来，对孩子来说，惰性这个力量是十分强大的。我觉得要加强引导，于是，中午我让他坐在我的座位上，在我的指导下完成了一篇短文。我当然知道，对于五年级的孩子来说，这篇文章内容还是非常单薄的。但是，我更清楚的是，学生的自信心是非常稚嫩的，更需要被保护，要一点点来。这点说说容易，做起来确实难，尤其是对新老师来说。

以下是他修改前后的日记：

9月20日日记　吃猪蹄

今天，我吃了猪蹄。是我爸爸炖了4个小时炖出来的，我还把庞老师教的炖肉方法告诉了爸爸呢！

9月24日修改的日记

昨天，爸爸告诉我要吃猪蹄，我很开心，果然，早上起来，我看见爸爸在炖猪蹄。

我想起庞老师上次说起炖肉的方法，于是就把方法告诉了爸爸。我说："庞老师说炖肉水不能太多，因为汤的表面有一层油蒸发不了，热量都在汤里，如果水太多滚得很厉害的话这层油就破了，水就蒸发了，热量也没有了。"爸爸听了说："我以前知道火不可以太大，但还不知道这个科学道理呢！"

今天，我不但吃到了猪蹄，还告诉了爸爸一个道理，我很开心。

9月25日一早我就看到了R的日记，又是一段充满魔幻的《地球历险记11》，转念一想，我觉得还是找他谈一谈科幻小说的问题吧。同时，我已经决定，在这次的"每周金奖"评选时，表扬一下R，一个是因为他每天坚持写日记，第二是昨天在我的指导下写的日记有进步。他的问题显然是习作起步太迟，而且没有一步步地往上攀登。

男孩教育：值得我们关注的领域

在我国，目前"失陪"孩子的更多的是父亲，这对男孩最常见的影响是产生"父爱缺乏综合征"。学校里我们遇到的问题，大部分也发生在男孩身上，男孩没有女孩心细和善于沟通。现在的男孩叛逆期普遍提前，当男孩处于叛逆期时，父母拿他真的是没有办法，有的男孩不好好上学，迷恋于网络游戏，还整天不着家。

对于男孩出现的教育问题，父母应该怎么应对呢？在孩子的人生起步阶段，父母应该结合自家孩子的性格、潜能和优势，寻找适合他的道路。伊恩·利利科是澳大利亚的男孩教育专家，他提出了对男孩的52条建议，还是挺有意思的，我们不妨看看其中几条：

· 男孩通常把内心感受转化为身体动作，因此当他们遇到情绪问题时，让他们从事喜欢的运动是帮助他们排遣情绪的好办法。

· 男孩，特别是初中的男孩必须在学校里有个"家"，有一个属于他自己的空间或场地，否则他们对学校没有归属感，就容易不守纪律，破坏公物，乱写乱画。

· 男孩往往随性而动，学校必须教会男孩三思而后行；对于女孩，则要打消她们的行动顾虑，鼓励她们冒险。

· 有暴力倾向或攻击性强的男孩通常在小时候缺乏拥抱，教师与家长应该重视与男孩的非语言交流，如拍肩、握手等身体接触。

· 作文是男孩的弱项，让男孩在动笔之前先"动口"，对所写的内容谈个够，他们的写作量和文字流畅度会得到极大提高。

方式可以多种多样，在家或在学校都可行。

·男孩需要与大自然接触，做男人们做的事情：打猎、钓鱼、捕蟹、露营等。这些活动会给他们带来自信心，并帮助他们理解大自然的力量和自己在宇宙中的位置。

·家长和教师绝对不能羞辱男孩。"你怎么能这样？"应该变成"究竟发生了什么？"一旦男孩感受到了羞辱，他就可能不再与成人对话，这将使得两者关系恶化。

·男孩的学习受教师的影响很大。他们往往只为他们喜欢和尊敬的教师学习。教师的职业发展培训必须重视与男孩有效交往的内容。

·必须让更多的男性做教师，男孩需要男性榜样。

【例6-3】父亲的童年：基于亲子陪伴的榜样力量

　　曾几何时，社会出现了"男孩危机"，主要表现为男孩子意志力薄弱、耐挫力不强、缺乏社会担当、缺乏阳刚之气……而在传统蒙学教材《三字经》中即有"养不教，父之过"之说，父亲是男孩子一生中第一个男性榜样，也是最重要的榜样。但小学生阶段一般母亲管得多一些。为此，我们每个月会开展一次"父亲的童年"主题课程。这一天，爸爸会安排好自己的时间，和孩子聊聊自己童年的趣事、好玩的事、后悔的事、哭笑不得的事。聊聊自己童年遇到的人、看过的书、走过的路……父说子听，回忆童年；父子同行，踏青郊游。春暖花开、姹紫嫣红时，正是踏青好时节。父亲们带领孩子亲近自然，逛逛自己儿时去过的地方，共享天伦之乐。同时，父子一起参加亲子运动，也可以强身健体。从小，爸爸在孩子的眼里就是高大强壮的形象。爸爸带着孩子一起锻炼，一定也乐趣无穷。亲子共读活动，也让人乐在其中。爸爸和孩子一起读读书，聊聊看法，相信爸爸的言语可以影响孩子的一生。

每月主题列举

3月主题：父亲的童年故事

4月主题：幸福是奋斗出来的——写给我的孩子

5月主题：父亲的"六一"

9月主题：父亲的国庆节

10月无作业日主题：父亲童年最喜欢看的书

以下是爸爸的一些体会：

父亲的改变：诺诺上小学以后，学校开展了"无作业日'父亲与我'的课堂活动"，这为我们提供了一个非常好的亲子互动机会，在这活动之前我与诺诺的游戏互动都是随意的，无主题的。"无作业日'父亲与我'的课堂活动"需要我和诺诺认真思考：这个活动我们怎么过呢？我与诺诺共同商量了很多丰富多彩的活动，一起玩乐器（古筝、小吉他），踢毽子等，最开心的事情就是我在一边喝着茶，诺诺在一边弹着古筝，琴声宛转悠扬，整个房间充满了温暖的氛围，我无比幸福地享受着这一切，深深地陶醉其中！自从诺诺学习了茶艺以来，我们俩经常一起"切磋"，诺诺说我的盖碗冲泡手势不标准，仔细纠正了我的错误，手把手教我，看着诺诺那么认真的样子，我心里别提有多甜了！

现在我们的共同话题越来越多，我和诺诺已经超越了父女关系，成了好朋友，我也不再是那个高高在上的父亲了。以前诺诺有小秘密后都是告诉妈妈的，现在也会与我一起分享。

——二（2）班　L爸爸

孩子的改变：在"幸福是奋斗出来的"主题活动中，我用自己以前努力改变生活的经历告诉孩子付出总是有收获的，幸福是奋斗出来的；在"父亲的国庆节"主题活动中，我聊自己小时候国庆节的趣事，让孩子了解了与他完全不同的童年生活，也更珍惜今天的幸福生活；"与孩子共读一本书"活动让我知道了孩子的喜怒哀乐；还有陪孩子看电影、与孩子一起运动……渐渐地孩子与我更加亲近，会缠着我陪他玩，会和我谈心，会依赖我了。而孩子也有不少改变，知道"粒粒皆辛苦"的道理，浪费粮食和纸张的现象明显减少，甚至监督我们要随手关灯。知道爸妈上班辛苦，孩子也会帮忙做做家务活，比如拖地、洗碗、整理自己的书房和书包。学习态度也端正了，每天能坚持跳绳和坐位体前屈等，一桩桩一件件都令我惊喜，原来孩子的成长也离不了父亲的陪伴。

——五（3）班　Z爸爸

第二节　孩子是天然的未来学家

　　《论孩子》^①中写道："你可以给予他们的是你的爱，却不是你的想法，因为他们自己有自己的思想。你可以庇护的是他们的身体，却不是他们的灵魂，因为他们的灵魂属于明天，属于你做梦也无法达到的明天。你可以拼尽全力，变得像他们一样，却不要让他们变得和你一样，因为生命不会后退，也不在过去停留。你是弓，儿女是从你那里射出的箭。弓箭手望着未来之路上的箭靶，他用尽力气将你拉开，使他的箭射得又快又远。怀着快乐的心情，在弓箭手的手里弯曲吧，因为他爱一路飞翔的箭，也爱无比稳定的弓。"

　　意大利教育学家蒙台梭利说："人类的幼儿不仅是物质的活

---

① 纪伯伦. 纪伯伦散文诗歌精选 [M]. 边稆，译. 武汉：湖北人民出版社，2020：221.

体，还是精神的胚胎，他们拥有心理上的潜能。[①]"孩子小时候的言行，如想吃什么、不想吃什么都是靠着自己精神胚胎指路。倘若父母破坏了孩子的精神胚胎发育，孩子就会在父母面前表现出不耐烦和反抗。如果父母非常尊重孩子的精神胚胎，那孩子以后就会成为一个独立的、有判断力的人。

武志红小时候有一段时间只爱吃面，不爱吃菜，尤其不爱吃饺子。逢年过节，一大家子其乐融融地吃饺子，就他不吃，亲戚们都说这孩子怪得很。换作一般的父母，肯定会指责孩子挑食。但他父母没有，反而单独给他做了一份面。

武志红曾坦言，就是这样的童年经历才让他成为一个很有主见、很有专注力的人。

每个孩子都有未来的梦想

我们知道，童话故事都有美好的结局：小红帽最终战胜了大灰狼、灰姑娘最终嫁给了王子、阿里巴巴最终战胜了四十大盗……小时候经常听童话的孩子，印象最深刻的就是那句话——从此，他们过上了幸福美好的生活。不是说写童话的作者不知道现实中有很多事情是难以解决的，有些甚至是很残酷的，但若主人公的困境或不满如果没有得到解决，阅读这些故事的孩子就无法得到满足感，他们难以接受甚至不堪忍受灰暗失败的结局。我们中国人特别喜欢大圆满的结局，很多看来超乎寻常的大圆满，

---

① 玛丽亚·蒙台梭利．童年的秘密 [M]．李依臻，译．昆明：云南人民出版社，2024：53.

满足了多少中国人渴望"真善美"的梦想！

　　保护每个孩子的美好梦想是非常重要的，即使在我们看来这个梦想有多么不合理，有多么难以实现，我们也总能从孩子的梦想中找到生长的因子。这个"找到"，就是我们真正读懂孩子并和孩子一起面对成长中的问题，做到知行合一。

　　每个孩子，都是梦想实践家，儿时的偶像就是他们梦想的投射。孩子看到警察叔叔英姿飒爽便想当警察；今天看了一本好书或者作文被老师表扬就想成为作家；看到明星受到众人关注也想成为明星。在小学阶段，孩子有榜样是十分重要的，很多伟大的人物都是在很小的时候就有远大的志向：被称为"两个半圣人"之一的王阳明问老师："何为第一等事？"老师说当然是考状元。王阳明说："登第恐不是第一等事，第一等事是读书学做圣贤。"科举考试中选是当时读书人的首要目标，是当时整个社会的主流，王阳明却要做"虚无缥缈"的圣贤。他的父亲知晓后有点不以为然，但是祖父非常欣赏他。

【例6-4】"你不管怎么选择我都支持"是懒政

　　看到很多人说，"你不管怎么选择我都支持"这句话，表现了父母对孩子的无条件支持。但我们重点关注了"无条件支持"中的"无条件"，但对孩子来说，可能"支持"是更加重要的。如果你的"无条件"没有让孩子感受到支持，那这些"无条件"就变成了懒政。就像追求班级的"无管理"是一种教育理想，是我们教育者的目标。小孩子自己是有目标的，尤其是在高年级。

所以我们发现，高段孩子的竞争意识增强了，这是正常现象。如果孩子在高段还"躺平"，倒是一个需要关注的问题。

小Z的父母很关注孩子的学习，属于"鸡娃"那一群。一开始，小Z受父母的影响，到六年级时觉得要冲一冲班级前几名，但几次都没有成功，于是内心就有些焦虑了。父母怕他太焦虑，影响身心发展，于是不断和他交流：学习差一点没有关系，不要过度在乎。一次两次后，小Z就有点烦了，顶撞说："你们就觉得你们儿子这么差吗？"父母一下子蒙了。这中间缺少了什么？缺少了父母倾听孩子的想法及深入沟通。

把要求降得太低，既不符合科学，也不符合学生的成长，精神领域也是有"最近发展区"的，父母和孩子的沟通最好在"最近发展区"进行。不要让孩子感觉到被"放弃"（并不是说父母放弃，而是父母让孩子产生了被放弃的感觉）。打个比方，孩子爬山爬不动时，他需要的是具体的支持：要么休息一会，要么扶助他走一段路，要么舍弃一些带的东西……最后才考虑是否适当调整目标。告诉他不爬没关系，并不是孩子所需要的。

站在未来：父母守则八条

很多家长在孩子成长过程中会遇到亲子关系比较紧张的情况。这个时候，父母如果站在未来的角度，可能会豁然开朗：孩子总是要长大的，总是要独立的，总是要自己生活的。再过几年，孩子住校了，每周和你匆匆说几句话，你就很开心了。再过几十年，孩子每周能和你聊几句，你可能就知足了。对于孩子在学校的生活，你能关注的已经非常有限了，所以，小学阶段是一个看着孩子越走越远的过程，我们父母要有充分准备并乐见这个结果。这样，孩子的几句话、几件事情，就在时光隧道中具有了特殊的意义，我们和孩子，都在更为长远的视野中寻找自己的动态变化。

站在未来的角度，我们主要需要关注以下几方面，也可称之为父母守则，就是和孩子相处的总的原则。可以在原则的指引下做一些思考和讨论，以避免"陷阱"和"纠结"：

1. 孩子和我们是不一样的。我们和孩子是两代人，孩子们的选择自然和我们不一样，这没有什么好奇怪的，要站在孩子的需求端思考。如果孩子和我们一样了，可能才是我们要担心的事情。我们所有经历中的经验，对孩子来说有参照的意义，可以和孩子交流，但不宜作为对孩子要听从的要求。

2. "杀手锏"的作用在于不用。父母作为孩子的监护人，对孩子成长的作用自然不容小觑。对孩子的责骂就像核武器一样，不用整天拿出来晃，更不能整天拿来用。我决不提倡吼学生，但我看到很多父母因此沾沾自喜，好像吼了之后孩子就很听自己话一样。父母间的谈话孩子也可以参与讨论，不对的当然就未必执行了。至于打，更是需要杜绝，副作用太大。

3. 给孩子独立的空间。如果条件允许，一定给小学的孩子独立空间，孩子自主和自觉的前提就是要有独立的空间。从这个意义上说，培养自主性的方法就是"不培养"。尤其是不要精神控制，不要有意无意地去看孩子在干什么，即使孩子愿意将物理空间开放，也不宜多打扰。如果孩子一离开你，或者你一不关注，就会发生你不希望发生的事情，那说明这时的教育已经失败了。

4.对于孩子的喜欢要尊重。孩子的审美观念、喜好都会和我们不同。你觉得在家里喝茶好，他说去咖啡馆聊天好。这个时候，不要去和孩子讲一番道理，非原则性的问题，尊重孩子就好。很多时候，站在旁观者的角度，孩子是对的，父母也是没错的，只是不同喜好而已，青菜萝卜，各有所爱。

5.关心孩子的朋友。父母如果了解孩子的朋友，就能更好地了解自己的孩子。美国心理学家朱迪斯·哈里斯是研究儿童同伴关系的专家，他经过长期的研究后发现，孩子越大受同伴的影响越大。一般情况下，孩子上小学后，便趋向于跟同伴一起玩了，随着年龄增长，孩子越喜欢跟同伴一起玩而不是父母。哈里斯的研究表明，影响孩子成长的因素，基因占50%，而同伴的影响占40%～50%！

6.不管怎样，保持沟通。告诉孩子，不愿意告诉爸爸的事情，可以只告诉妈妈；不愿意告诉妈妈的事儿，也可以只告诉爸爸；什么事都可以和爸爸妈妈说。用正确的表达方式去沟通，重视孩子的感受，充分相信孩子，孩子才会信任父母。

7. 不去和人攀比。父母口中的别人家的孩子，几乎成为很多孩子的梦魇。一些父母以为，比较式教育能激励孩子进取，可事实是父母在肯定别的孩子同时，也在不断否定自己的孩子。苏霍姆林斯基说过："每个孩子都是一个独一无二、与众不同的完整世界。"①人最重要的是自我评价，只有认可了自我价值，悦纳自己，才能全身心地健康成长。

8.让孩子玩。孩子的玩，也是一种学习，不是为了放松，而是为了学习和探究。在不同的玩耍中，孩子逐渐理解这个世界的方方面面，寻找到自己喜欢的事情，寻找到自己聊得来的伙伴，甚至建立自己终生的志向。孩子小的时候，玩得越多，长大可能越自律。

【例6-5】一定要尊重自己的孩子

小能和伙伴约了一起吃饭，我们建议在家里，吃什么都比较方便。小能想了想，说："还是要到外面去！"我一下子恍然大悟，吃饭可能不是孩子的主要目的，谈天才是主要目的，对于谈天来说，自然父母在和不在是不一样的。

我和他妈妈想了想，建议地点在旁边的银泰城，里面的选择多一些。考虑到小能是第一次单独去，我就问他："需要爸爸的帮助吗？"他说："什么帮助？"我说："提前两天我们去看一看，大致确定下在哪里吃，要不要提前定位子，这样也表示隆重嘛！"小能笑了，说"那晚上先去看一看"。

晚上，我们去了银泰城，里面有个美食广场，东西很多，小能看花了眼睛，我就在旁边陪着。最终小能选择了两家，问我的意见，我说："很好啊！（其实他想吃的烧烤我觉得不太好）到

---

① 苏霍姆林斯基.给教师的建议 [M].赵聪，译.长沙：湖南人民出版社，2021：18.

时候和伙伴一起再确定下。"小能又去了解了具体的价格情况，他问得很仔细，因为这个主人也不那么好当。

　　第二天中午，小能和伙伴出去了，临走前我们让他们慢慢品尝。约莫过了两个小时，他们回来了，小能说了下吃了点什么，我们也耐心地听着。两个小伙伴接着就在房间里讨论他们感兴趣的事情。

第三节　用孩子熟悉的词汇讲话

　　一天上班的时候路过杭州挺有名的一个小吃摊——孙奶奶葱包桧，说它有名，是因为中央台的记者报道过。我路过的时候，听到孙爷爷在大声喊："吃葱包桧了，吃葱包桧了，这个在网上很有名的！"我当时听了心里咯噔一下，想不到一位白发苍苍的老爷爷对自家产品的宣传语是"网上很有名"。但我看到大部分在买的都是年轻人时就明白了，孙爷爷用这一种形式，和年轻人拉近了距离。

　　人们在交流时运用熟悉的词汇是很容易拉近彼此关系的，就像我们不会和一个谈不到一起的人谈天，你和他说法国革命，他问你路易十六多少钱一瓶，这样的两个人就缺少共同的语言。对孩子来说也一样，用孩子熟悉的词汇讲话，才是与孩子沟通的基本方法。每位家长和老师必须非常警觉，我们讲的话中的词汇，是孩子可以理解的吗？交流双方使用互不理解的词汇，从某种意义上说，就是生活在不同的世界中。

经常关注孩子关注的热点

　　我们的社会正在数字化的进程中，各种自媒体平台功能强大，操作快捷方便，信息在实现传播、互动、共享的过程中只需动动手指就可以一传十，十传百，这种几何式裂变传播方式，往往会使信息的受众激增，规模扩大。有时一个看似不起眼的新闻点，经过这种裂变式传播，往往会在很短的时间内，达到很强的传播效果，造成很大的社会影响力。数字社会的大量信息，也会不由自主地影响到孩子。同时，孩子关注的热点也有儿童特征，譬如一会儿是某种玩具风靡了，一会儿又是某种贴纸流行了……

　　作为父母，自然需要对孩子的热点有所关注，因为这些热点是孩子最愿意交流的话题。曾看到过一个报道：一位母亲为了让孩子不玩游戏，花了极大的精力学习游戏，和儿子有了共同语言，才慢慢实施自己的劝阻行为。事件虽然有点夸张，但总体的策略值得肯定。

　　对于孩子关注的热点，我们的态度无非就是三种：一种是支持强化，就是自己也深度参与，能够和孩子进行交流，以便在交流中实现无痕引导。第二种是忽视，就是不太关注，顺其自然，不闻不问，孩子关注过一阵就过去了。第三种是提前布局，就是父母和孩子在日常生活中对不同话题都已经有交流，孩子也已经具备较强的识别能力，各种热点出来的时候，孩子能够自然识别本质，甚至有很好的自我见解。

【例6-6】不是每个孩子都喜欢"王者荣耀"

小能在很小的时候就喜欢听历史故事，我也经常和他讲一些。有一段时间，他还花了几个月研究"楚汉争霸"的来龙去脉，并看了相关电视剧。那个时候他才二年级，每天看一集，硬是把八十多集的连续剧看完了，这中间补充了课外阅读知识，看到后来，语言体系都有了点变化，我和他说什么事情，他都回答"得令！"

我看他喜欢，又陆陆续续和他看了《上下五千年》《明朝那些事儿》《万历十五年》等书。看每本书的时候，我都会和他聊一聊故事，说一些自己的想法。小能有时也会和我互相讨论一下。

到五六年级的时候，社会上风靡"王者荣耀"的游戏，大有"全民喊打"的氛围。有一天我问小能："'王者荣耀'你知不知道？""知道！"我想坏了，前面怎么没有关注到。我说："你打得怎么样？"小能一点都不回避："上次××打不下去了，我帮他打赢了几盘！""哦哦。"我笑笑，"这么厉害！"说实在话，我也不了解"王者荣耀"。"那我没看见你在家里玩啊！""哦，这个很没意思的，我就是帮同学打一下。里面的历史人物都张冠李戴，乱七八糟的！"

我这才明白，小能从看过的书中形成了一种自我品位，和"王者荣耀"相比，小能觉得书中的才是自己喜欢的。就像有的人不喜欢看改编剧，因为他对人物和事件有自己的见解，而且书中的情节往往要精彩于电视剧中的呈现，就会让他觉得电视剧没意思，是胡编乱造。

共情：让孩子感受到平等

父母老师和学生不论生活经验、不论话语权，明显都是不平等的，所以平等的核心就是父母和老师的示弱。有一段时间提倡"蹲下来和孩子说话"，也就是这个意思。

要把孩子当成家庭的成员，有意识地让孩子参与家庭事务的讨论，譬如双休日去哪里玩，本身就是一个开放性的问题，让孩子说说自己想去的地方，说说理由，让孩子决定去哪里，都是很有意义的事情。孩子看父母肯征求并采纳自己的意见，完全把自己当大人看待，自尊心会在无形中得到极大满足，有利于孩子社会性情感的发展。

在家里，父母要主动分配孩子做一些力所能及的家务事，不要因为孩子还小就不让孩子做。如买菜时带孩子一起去，让孩子力所能及地拎一些回家；吃饭前，让孩子帮忙准备碗筷，拿一点可以拿的菜……这样，孩子经常会说："这个菜是我说要买的！""这个是我洗的！""这个是我拿到餐桌上的！"让孩子充分感受到自己在家庭里的重要性，有利于培养孩子独立自主的精神和对家庭的责任感。

【例6-7】家长的情绪也是孩子成长的机会

周末早上我正在看书，接到小J家长的电话："庞老师，昨天你发的资料打印不出？"啊，我刚想问家长是怎样的打印问题，家长先说了："庞老师，我的电脑技术是很弱的！"我想：怎么办？

我又转念一想，孩子应该学过这些东西了。我就和小J同学说，请他把我Word上的内容复制一下，在桌面上单独建立一个文档，这样就行了。（这既是最笨的办法，也是最简单的办法，给孩子的办法一定要简单。）

没想到过了十几分钟，班级QQ群中出现了一段话：

小J爸　10:25:15

庞老师，解决不了。打印一个语文作业浪费我们一个多小时还解决不了，这也太坑爹了！拜托能不能整得简单点，别给我们家长添麻烦了！

我一看，这个问题大了，本来以为能很快解决的。

我赶紧给爸爸打电话，给出两条建议："我今天恰好去学校，我可以打印好放在传达室！第二，我转换一下格式，你再打印一下看看行不行！"

同时，我在班级群里也发了一条消息：

我　10:28:07

其他家长有类似情况吗？

结果很多家长回复"没问题"。后来我了解到，这些家长的电脑技术都不错。

我赶紧进行格式处理，然后再发给小J爸爸打印，这个时候，小J爸爸说："庞老师，其实我也可以去外面打印，但天下雨！"

我说："哈哈，没关系的！电脑这个东西就是这样！"后来他说可以打印了。

我终于舒了一口气。

但我转念一想：这不是一个很好的机会吗？

于是，我又给小J爸爸发了一条信息：

> 我　10：41：44
>
> 请转告小J同志啊，信息技术课没认真学好啊！

结果，可爱的小J同志回复：

> 小J　10：44：57
>
> 庞老师，我只会复制一页，不会复制很多页。金润东

我想了想，又打通了爸爸的电话，要求和小金同学对话。

我问他："你会复制一页，庞老师的资料有三页，你有什么办法吗？"

他想了一下，说："庞老师，我没有办法！"

我笑了："你复制三次，不就能复制三页了吗？"

他笑了。

我又说："用Ctrl+A键能直接复制，这是我教你的一招，你电话结束后试一试！"

我很高兴，我抓住了一个机会，使孩子学到了东西，也许，这会成为他改变学习习惯的一个契机。过了几分钟，群里跳出小J爸爸的一段话：

> 小J爸　11：07：54
>
> 其实我有很多种办法解决这个问题，到同学家打印，到外面

打印店打印，请教电脑高手……之所以告诉老师，是希望老师了解我们家长的真实状态。今天收获很多，谢谢庞老师。你确实是位很负责任的好老师！

这是意外的收获，我赶紧回复：

我　11：15：33
哈哈，我们都是一家人，不用说客气话！

J爸又回复：

小J爸　11：28：54
"一家人"这几个字看着特亲切，温暖。古人云，"一日为师，终生为父"。从这种意义上说，老师也是孩子的家长。

教育，真是充满无限的可能！爱和榜样的作用，不仅仅是单向的父母对孩子，或者老师对学生。教育确实是心与心的沟通，是用一颗真心去影响另一颗真心！

第 **7** 章

教育总会遇到特殊

不要着急，最好的总会在最不经意的时候出现。

——［印］泰戈尔

　　教育的复杂性包含了这些方面：一是教育本身就很复杂，不同内容的学习挑战不同；二是教育形式的选择也很多元，对有着不同学习方式的孩子，需要选择不同的教育形式；三是教育处在动态发展中，这就更增加了其复杂性；四是教育对象的复杂性，按照现在的技术和经验，我们还很难全面地认识孩子。当然，还有一些其他的原因，甚至老师的个人倾向也会影响儿童的认知。

　　教育的挑战总是存在的，从微观层面看，面对特殊的个体，每个教师都要能从不同的角度思索和实践。从中观层面看，影响因素主要是孩子的个体因素、家庭结构因素、学校因素。其中个体的生理性问题，教育并不能直接解决，但其中的教育性问题，教育者自当竭尽全力，不断探寻不同的施教方式，促进孩子的健康发展。从宏观层面看，因材施教，扬长避短，长善救失，立德树人，是教育的核心价值。

　　说起"特殊"儿童，每个老师都有很多的故事和经历，小学教师的很多精力，是投入在应对儿童的"特殊"上，但如果我们从更高的层面思考特殊会发现，在时间轴的概念上，有些特殊是暂时的，当然也有部分特殊是需要我们付出艰辛的劳动去纠正的。从我自己的教育经历看，特殊的儿童，大部分是可以通过适合的教育方法得到良好发展的。儿童本身对社会的适应性，远远超过我们的一般理解。儿童本身的成长性，也远远超过我们的一般预期。这也是教育充满"神秘"力量的原因，教育有时候，也是在"偶然性"中完成，在"邂逅"中完成，这本身也是教育复杂性的一种呈现。

第一节　我是谁：孩子各有各的禀赋

不同孩子的禀赋差异是很大的，特殊的孩子，也各有各的不同，但总的来说，大家的关注点还是集中在学生多动、感统失调、学习障碍三方面，从我的教学实践看，学生在这三方面出现一些情况后，家长往往过分关注，让学生"充分"感受到了自己的特殊，这又会使学生更加特殊，进入一个下行的通道，这样，教育就呈现了负面的效果。

多动并不可怕

我刚开始工作的时候，患注意缺陷与多动障碍（ADHD，俗称儿童多动症）的孩子还是不少的。多动症指发生于儿童时期，与同龄儿童相比，以明显注意集中困难、注意持续时间短、活动过度或冲动为主要特征的综合征。多动症是在儿童中较为常见的一种障碍，其患病率一般报道为3%～5%，男女比例为4∶1。

近十几年又出现了感觉统合失调症。感觉统合由感觉学习和运动学习不断互动形成，当它出现障碍时，会产生知觉、语言、认知障碍、情绪及行为控制不良等问题，也就是无法对外界事物做出正确的反应。一般认为，3岁前是儿童感觉能力发展的关键期，发展得好可以预防感觉统合失调，3—6岁是感觉统合失调最佳的补救时期，7—12岁是感觉统合能力失调纠正的有效期。

我的第一届学生中有个叫小W的，我还没见到他就听闻大名——大家说他有多动症。我当时也是简单地知道一些这个病的症状，以为就是孩子上课多动——因为在我的学习经历中，班级里好像也没遇到这样的人，我猜测也就是上课不专心一点。开始我还找了些多动症的书看，后来越看越慌了——我估计家长也是这样的，所以我觉得家长不宜过多地学习教育理论，这些理论有时可以起到一些弥补知识的作用，但有时也会扰乱"军心"。

【例7-1】小W的多动消失了

我接班的时候小W是四年级，很快我就知道了他的情况。上课时他的多动表现还是比较明显的，虽然一开始的时候，他也努力集中注意力，但很快就出状况了：有时候正上着课，我一看，哎，小W跑哪里去了？再一看，他已经顺着椅子坐在了地上，好在周边的同学好像见怪不怪，所以对同学的影响不大。他下课的时候，很喜欢用双手碰别人，也包括老师；有的时候是自己手舞足蹈；有时候你走过他课桌，他一下子就把你抱住了；读书的时候会做出很夸张翻书的样子，还用手指蘸一下自己的唾沫……

有几天他表现还挺好的，上课也还认真，但眼神总好像不是那么有神，看上去反应慢一些。我问她妈妈，妈妈说这些天老师反映的问题较多，就让他吃了药，所以课堂上是不会乱动的。其实就是吃了镇静剂。

后来，我让小W做组长，他收作业什么的倒挺积极的，但很快就又在同学这里"捞手舞脚"（杭州话，意思是动手动脚）了。今天这个说，小W又打架了，明天那个说，小W又故意来弄我了。我想了很久，觉得还是需要运动，就组织男生成立了一个篮球队，每天早上先玩一个小时，果然小W上课时的注意力集中了一些！因为他球还打得不错，和他玩的小伙伴也多起来了。

渐渐地，到五年级第二学期的时候，我很少再听到关于小W多动症的消息了。国际上也有一种声音，认为多动症可能是相关医药公司提出的一种说法，其实并不存在。

我觉得多动症有点被污名化，一些老师和家长动不动就给孩子冠上个多动症的名。在我看来，一方面多动症确实会随着年龄的增长而消失；同时，患多动症的小孩，其实学习并不差，往往还在中等以上。但我觉得多动症这个现象主要可能是孩子身体机能发展不平衡，而这可以在后期通过增加运动量等克服。家长之所以如临大敌，是因为在传统的学习中，课堂上知识传授的密度比较大，孩子听讲认真比较有利于学习。而这个要求对多动症孩子来说，比较难做到。我相信，如果有一套在活动中学习的方式，这些孩子说不定学得还更加好！但活动以什么时间段为宜，也是值得思考的话题，我接触过学习蒙台梭利教学法的孩子（倡导释放孩子天性，很多幼儿园以此为优势"忽悠"家长），他们在小学的前期表现出了好动的情况，这一方面说明，孩子的安静和好动是可以培养的，另一方面也说明，如果一味以释放学生的天性为追求目标，其实教育的效果也未必好。

特殊家庭：对其多一份关注

特殊的家庭，各有各的不幸，面对这些特殊家庭的学生，我们更加应该用热情的心，把无微不至的关爱送到他们身边，怀着真挚的情感走进孩子的心灵世界。

对学生家庭的了解，最简单易行的办法还是家访，除了少数家庭因为各种原因不欢迎家访，大部分的家访一般可以从三个路径掌握孩子的具体情况：

让家长填写表格，掌握基本材料：学生基本个人信息、身体状况、家庭的结构、主要教养人（谁为主带孩子）、经济状况、饮食习惯（喜欢吃什么）、兴趣爱好等。

和家长有效交流，熟悉孩子日常表现：了解家长对孩子的教育态度和期待、孩子日常在家中的行为表现、作息时间是怎样安排的、自理能力如何、孩子有哪些好朋友、平时周末怎么安排等。

家访时仔细观察，了解真实情况：观察家庭学习环境（如有没有书柜，书柜上有哪些书），感受家庭氛围。家访时孩子一般都会在场，可以借机了解孩子实际的身心发展水平，通过孩子在父母和老师交流时的表现，判断他们的亲子关系，以及孩子可能存在的性格特征。

【例7-2】单亲的孩子去哪里了？

学生M是位随班就读的学生，因为父母离异，寄居在奶奶家。认知水平也比较低，四年级的时候才认识了百把字。

寒假后的新学期开学后，M同学未来报到，顺着唯一可寻的线索，我与副班主任来到M奶奶家，可惜M人不在，到哪里去了，奶奶也不清楚，刚巧M的小伯伯也在，说M妈妈跟楼下的一个邻居常有联系。我们马上去找邻居，邻居说，M妈妈与一女性同伴住在南落马营出租房内，地址不详，大约是南落马营38—48号。得到这一信息，我虽然觉得希望渺茫，但为了学生，还是准备去试一试。

回到学校后我向潘校长汇报了情况，提出要去M妈妈家一趟。校长不放心，决定和我一同去，我们两人在南落马营四处打听，打听了十几户人家，一直忙到晚上六点多，但仍然没有一点消息。我又与离M奶奶家比较近的S老师联系，让她去问奶奶邻居有没有更确切的地址。但邻居也是听别人说的，小伯伯和邻居听说两位老师这么迟了还在寻找M，十分感动，放下碗筷便去M爸爸的朋友处询问情况。

一直到晚上九点多，才联系上M的爸爸……几天后的下午2点，M同学终于在M爸爸朋友的陪同下来到学校报到。

第二节　我来自哪里：种子种下了就会发芽

　　随着对原生家庭和孩子成长之间关系的研究越来越多，家庭在孩子成长中的重要性更加凸显。从我在学校中的观察看，我觉得家庭对于孩子成长之所以重要，主要原因有以下方面：

　　首先，孩子的成长具有情境性。因为孩子生长的家庭环境是基本确定的，一个家庭就有一个家庭的特点。举一个简单的例子，如果父亲是军人，这个家庭就具有了军人家庭的某种情境——情境本身没有好坏之分。而如果家庭是做小买卖的，孩子身上无疑具有一些生意人的元素。但现在孩子们的课外时间很多都在培训班，孩子在家庭生活中时间的不足造成了成长中最重要的情境性缺失。

　　其次，孩子的成长具有延后性，这是教育的一个重要特性。孩子的成长，不是一蹴而就的，但在"唯快不破"的市场理念中，孩子的成长"被加速"，我们看到了很多的"小大人"。

"神童"就是其中的表现之一。神童在中国的传统文化中，是很有一席之地的，翻开中国历代儿童成长史，会发现记录下来的大概主要是神童史和孝顺史。但我们换一个角度思考下这一现象的现实意义：在当时的农业社会，医疗条件也有限，人们的寿命普遍不长，神童的出现，给压缩教育时间提供了可能，从某种意义上说，对社会的价值也更大。而在现代社会，其实时间并非教育的决定性因素，创意、兴趣、好奇等才更为重要。

再者，孩子的成长具有生活性。学校不断减负，家庭却不断加负，这是现在减负效能不佳的主要原因。我们暂且不讨论减负的问题，我们只是思考，孩子在家庭中重要的是学会生活、加强和父母长辈的交流等。所以，小孩子需要学会做家务（烧饭、洗衣服）、招待客人、明了长幼有序等。

孩子的表现是家庭的折射

古人说："家国天下。"作为家长，我们可能需要从更为宽泛的层面来了解孩子的家庭生活。在某种意义上，普通平常的事情中，也蕴含着深刻的意义。譬如烧饭，我觉得不能简单将其理解为劳动，在这个过程中，有饭菜的搭配问题，饭菜量的控制问题，烧饭菜的时间衔接问题……这些是我们人类在发展过程中，最初遇到的核心问题，学习烧饭也可以说是将人类历史上的知识积淀作为自己成长中养分的练习。

但在现代家庭里，我们看不到这些练习了，很多家长都说："你把学习搞好就行了！其他的事情不用做！"更有甚者，很多孩子到高年级了，却连简单的系鞋带都还不会。如果我们基本认同，孩子的成长前期就是在学习人类优秀的文化积淀，那我们就会发现，家庭生活这一环的缺失，对孩子未来的生活将产生不利的影响。在生活中缺少锤炼的孩子，长大后有可能出现各种能力上的不足。

【例7-3】暴躁的爸爸

有一个叫S的同学，在我四年级接班时他就已在全校有很高的"知名度"，当时有两件事情令我大吃一惊：

一件事情是听说的，他一年级时候的班主任是L老师，人很精干，原来是大队辅导员，我说这些主要是想说明L老师的管班能力及与学生的交流能力应该是优秀的。当时L老师在课堂上教一年级的学生童谣，想想应该是很美妙的场景，但S的话破坏了这一美好氛围，他直接就吟诵了两句："人面桃花别样红，看见L老师在洗澡。"如果撇开其他的因素，这两句诗还算比较"和谐"，L老师一时都不知道如何是好。据说从此，S同学大名远播。

另一件事情是我亲身经历的，我接班的第一天就和S进行了谈话，我问他："你大约几天要和同学打一次架？"我到现在还记得清清楚楚，他迟疑着不回答。我以为是时间太短，就又问："是几个星期打一架吗？"他还是看着我。我直接问："难道是一天要打好几次？"他这下倒干脆了，说："大概三四次吧！"我直接就吸了口冷气，心想，我知道你调皮，但不知道你有这么调皮！

后来，我通过家访、与家长谈话、找同学了解，基本认识到学生的行为跟家长的教育有很大关系。他爸爸在社区也是很有名的，平时脖子上挂着一条夸张的大项链。人很高大，也很壮实，一看就知道力气很大。他对孩子的教育比较简单，在孩子犯错误时主要办法就是打，所以，S同学耳濡目染，也学会了攻击行为。有时候他爸爸在家里不注意穿着，洗澡什么也不避讳孩子，因此有了让S同学成名的"童谣"。

我努力争取家长的支持，和家长聊天。当然我内心有预期，这样聊天的效果不会特别好，因为前面肯定也有老师找家长聊过，家长的总体态度倒还好，主要还是认识上的不足。直到有一次，我给学生补完课（当时没有手机，于是我补课有一条原则，一开始就和家长说好，孩子需要家长及时来接），但那天我送S同学到门口的时候，发现爸爸不在。天色已晚，我就决定用自行车送S回去，到他们家小区门口的时候，看到他爸爸骑车出来了。看到我已经送孩子回来了，爸爸说："这是我的孩子，你都这么尽心，我一定好好配合你。"从此，对老师提出的要求，S爸爸都积极配合，S的情绪也稳定了。一次，他爸爸主动提出修理教室中的一扇破玻璃窗，旁边的老师还说我："哇，你行呀，这么厉害的家长都愿意合作啦！"

错误行为背后的家庭影子

孩子之所以会有不当行为，是因为他们对如何获得归属感有种错误的认识。

　　归纳起来，获得归属感的目的有以下四种：第一种是寻求过度关注，第二种是寻求权力，第三种是寻求报复，第四种是自暴自弃（见表7-1）。[①]

　　那么，怎样判断孩子的行为属于哪一种目的呢？有两条线索可以教我们辨别。第一条线索就是我们对孩子行为的感受；第二条线索是当我们要求孩子停止其行为时，孩子的反应。[②]

　　如果孩子的行为让你主要的感受是心烦、恼怒，甚至有那么一点点着急，那么孩子就是在寻求过度关注。当你还不能确定时，你也可以看孩子的回应方式，如果你让孩子停止他的行为，孩子会停下来一会儿，但不久重新开始一些引起你关注的其他行为，那么，孩子就一定是在寻求过度关注了。对此，我们可以通过布置一些小任务的方式分散孩子的注意力，也可以对孩子表达安慰和信任，多增加一些亲子相处时光。

　　如果孩子的行为让你感到生气和愤怒，甚至感受到被挑战、被打败，那么孩子就是在寻求权力。如果你还不能确定，可以看当你要求孩子停止行为时孩子的反应，如果孩子继续不当行为，并且可能对你的要求进行言语顶撞，或者消极抵抗，那么可以肯定孩子是在寻求权力。此时，我们可以主动退出权力场，让孩子也冷静一下，然后和他谈一谈，表示理解他的感受，愿意和他共同想办法解决问题。

---

① ［美］简·尼尔森．正面管教（修订版）[M]．北京：北京联合出版公司，2016：68-69.
② ［美］简·尼尔森．正面管教（修订版）[M]．北京：北京联合出版公司，2016：73.

表 7-1　儿童行为背后的错误目的（Mistaken Goals）

孩子的目的	给你的感觉是	你想采取的动是	如果孩子的回应是	孩子行为背后的信念是	你主动的、鼓励性的回应包括
寻求过度关注（操纵别人为我忙碌或以自己弄忙以得到特殊对待）	心烦；恼怒；着急；愧疚。	提醒；哄劝；替孩子做他自己已经会做的事情。	暂停片刻，但很快又回到老样子或改换成另一种打扰人的行为。	唯有得到特别关注或特别服侍时，我才有归属感；唯有让你们为我团团转时，我才是重要的。	让孩子参与一个可行的任务，转移孩子的行为；安排特别时光，建立日常惯例；花时间训练孩子；默默地爱抚孩子；设定一些无言的信号。
寻求权力（我说了算）	被激怒；受到了挑战；受到了威胁；被击败。	应战；投降；心想"你休想逃脱"或"看我怎么收拾你"。	变本加厉；屈从而内心不服；看你生气而觉得自己赢了；消极对抗。	唯有我来主导或控制，或证明没有谁能主导得了我的时候，我才有归属感。	承认你不能强迫孩子，并请求孩子帮助；不开战不投降，撤离冲突，冷静下来；相互尊重；鼓励引导孩子把权力用在积极方面；召开家庭会议或班会。

孩子的目的	给你的感觉是	你想采取的动是	如果孩子的回应是	孩子行为背后的信念是	你的主动的、鼓励性的回应包括
报复（以牙还牙）	伤害；失望；难以置信；憎恶。	反击；以牙还牙；心想"你怎么能这样对我？"	反击；伤害别人；毁坏东西；以牙还牙；行为升级，或换另一种"武器"。	我没有归属感；受到伤害我就要以牙还牙；我反正没人爱。	描述受伤的感觉："你的行为告诉我，你一定觉得受到了伤害，能和我谈谈吗？"避免惩罚和还击；做出弥补，鼓励其长处；召开家庭会议或班会。
自暴自弃（放弃，且不愿意别人介入）	绝望；无望；无助；无能为力。	放弃；替孩子做；过度帮助。	更加退避；消极；毫无改进；毫无响应。	我不相信我能有所归属，我要让别人知道对我寄予任何希望我无助且无能；既然我怎么都做不好，努力也没用。	表达对孩子的信任；停止批评，鼓励孩子任何一点点积极的努力；不怜悯，不放弃孩子；教孩子该怎么做；真心喜欢孩子，不断鼓励、激励；召开家庭会议或班会。

　　如果我们在与孩子的冲突中感到失望、难以置信、被伤害，心里想"你怎么能这样对我？"继而想要采取反击时，那么孩子很有可能在寻求报复。当你还不能确定时，你也可以看孩子的回应方式，如果孩子在这个时候表现出反击、毁坏东西、伤害别人的行为，甚至行为升级，那么孩子就是在寻求报复。我们这个时候一定要保持冷静，保持和善，以理解的态度倾听孩子的想法，一对一地讨论解决办法。

　　如果孩子的有些行为让我们感觉到无奈、无助、无能为力，甚至绝望，那么孩子不当行为背后的错误目的就是自暴自弃。虽然孩子的行为表现出"我不行，我不愿尝试"，但是孩子内心深处的信念其实是：不要放弃我，帮我把目标降低分解成一些细小的步骤，让我重新能体验到一点点成功的感觉。我们一定明白孩子真的非常需要我们的帮助，可以设计一些阶段性的成功，肯定孩子微小的努力，降低我们对完美主义的期望，使孩子重新振作。

【例7-4】复杂家庭：小胖为什么烧香烟虫？

　　昨天放学的时候，听说小胖犯了错误——在操场上用火柴烧香烟虫。对于儿童的行为就事论事的话，一般都是看到一地鸡毛，但如果条分缕析，可能会发现隐藏在后面的一些缘由，从而找到切入点，真正改变孩子。真正让孩子记住的老师，多半有这样的能力。我们先来看看小胖的几个片段，看看里面的蛛丝马迹。

　　小胖说家里只有这一盒火柴，而且只有一根火柴，被他拿出来了。虽说无巧不成书，但这个事情确实巧合过度了。事情奇怪，必有缘由。大概可以猜测小胖是不想把家里的人牵涉进来。验证这个猜测的还有，他说是自己偷了家里的火柴。一般孩子是不肯承认自己错误的，如果承认，要么是自己确实认识到了错误，我觉得这个可能性不大；还有一个原因就是，孩子愿意承认一个他认为的小错误，是为了避免承认他认为的大错误，但孩子往往会弄巧成拙。这个做法的积极因素是，小胖愿意维护家人。如果我们从这个角度做些思考，可能就会有所收获。

　　小胖说火柴没有点燃，也丢掉了。这个事情我没有去确认，从孩子的角度讲，他想表达的就是自己造成的后果不严重。从另一个视角看，也说明孩子认识到了自己的错误。所以，我们也可以不继续追究火柴有没有扔等细节。和孩子的沟通，要维护孩子的尊严，其中很重要的就是看破不说破，只要老师不说破，孩子就会以为你没有看破。

　　小胖说香烟虫把他的手弄脏了。小孩子做事情的原因和结果有直接的联系，这是由儿童思维决定的。所以一般我们问孩子的时候，他总能给你一个直接的原因——不管这个原因多么可笑。很多有经验的老师听到原因后并不进行批判，或者即使孩子的理由没有道理，老师一般也只是忽略，因为孩子讲的原因多半是不存在的。和孩子交流的时候，也不需要反复问清楚事由，因为这个事由本身的价值并不大。这个回答的价值主要是让孩子为自己的行为找到一个理由。或者说，孩子使自己在老师面前表现得不是那么无礼。老师可以和他交流一些其他的观点，因为大部分时候小孩子本身并不具备逻辑能力。

老师和爷爷沟通时说让爷爷别打小胖，小胖就给老师唱了歌。我也了解到，孩子家庭的压力比较大，家庭中的教育也有不规范的情况。这点需要提醒和关注。在一个简单处理小孩子错误的家庭，一般小孩子都会具有一定的攻击性，有的是攻击别人，这种情况我们一般都能发现；有的是攻击自己，我们发现不了，而这往往会转化成其他的社会事件。

总的来说，在这件事情中，我们可以关注的点是小胖为什么要烧香烟虫。这个背后的原因是很复杂的，我觉得最大的可能是孩子的心里得到的爱护不足——这个不是说爸爸妈妈不关心孩子，甚至也不是陪伴的时间问题，而是孩子感受上的关心不足。有些父母很溺爱孩子，也很爱和孩子黏在一起，但孩子也会觉得得到的爱护不足。所以，我们平时要真正地关注孩子。

我记得著名作家格非说过明朝是非常压抑的，他的理由就是当时出现了小说《白蛇传》，一个人都和蛇谈恋爱了，可见内心的孤独！一个人和很多人在一起，表面看好像很喧闹，但没人真正关心他，这才叫孤独。一个小孩子整天找小虫玩（如果是兴趣爱好则不属此类），其实传达出的可能是孩子生活中缺少朋友，这和现在很多人养狗是同一个道理。所以，教育者是需要情怀的，喜欢一个大家可能都不喜欢的孩子，我觉得是教育的本义所在。就像医生这一职业，不管对象是谁，医生都要对其进行医治，这才是医学的本义所在。

教育需要社会的力量

教育公平需要社会的保障，解决学生因家庭经济原因而无法顺利就学方面的困难，现在学校实行的政府资助以及很多免费项目，就是为了保证每一位学生不会因为家庭的原因影响基本的学习，影响自己的发展。

教育让孩子体会到社会的温暖。孩子承载着家庭和国家未来的希望，对孩子身心健康的关爱和保障需要调动全社会的力量，实现家庭、社会、学校三者的协同育人，中国关心下一代工作委员会（简称关工委）等组织应当让特殊家庭的孩子与社会有更多的互动，让他们在社会中感受更多美好，从小种下对社会的感恩之心，长大才能立志报效社会和祖国。

教育让孩子体会到成长的力量。孩子的成长能给父母带来快乐和希望，而这又能正向驱动孩子体会到教育的力量，体会到自己肩负的使命。俗话说，"穷人的孩子早当家"。曾经有位寒门学子博士学位论文的"致谢"部分内容打动了无数人，他让我们看到，学习的苦比不上生活的苦，教育可以改变人生，让我们看到缺乏家庭经济支持的孩子的另一面：在困难面前坚韧不拔，并由此锤炼出强大的意志力。

【例7-5】来自社会的关心改变孩子成长的轨迹

04届学生J，父亲瘫痪在家不能下床，全家靠母亲做点小生意维持生计。在家访中了解到这一情况后，我深深地被感动了：这个懂事的孩子，在学习之余，承受着多大的压力！于是，我组织全班同学开展了一次讨论：如何让 J 同学的童年幸福度过？另一方面，我又积极争取区、街道"关工委"和教育局"局长工程"的帮助……在"局长工程"中，当时的局长还亲自和她结对，多次到她家里去慰问。

在各级领导的关心和大家的帮助下，J 同学进步很快，还当上了副班长。也许，小学时光将会成为她童年最美好的回忆！更重要的是，教育给予了一个家庭以希望，她妈妈说，看到女儿健康成长，自己再苦再累都值得了！我们提供的一些力所能及的帮助，给一个家庭带来了多大安慰啊！后来她顺利进入中学学习，各方面的表现也非常好。

几年后的一天，我骑车在马路上，突然从马路对面跑过来一个人，把我吓了一跳，仔细一看，原来是 J 同学的妈妈。她一再向我表示感谢，她说了什么具体感谢的话我记不清了，但在那一瞬间，我感受到教师职业的力量，我只是做了一件自己应该做的事，而这件事竟然这么深刻地记在家长的心里，影响了一个家庭的未来。我知道，其实，是他们给了我做教师的幸福感！

第三节　我要到哪里去：
缺少信任就缺少教育的力量

　　教育有看得到的元素，也有看不到的。教育的内容、教育方式是看得见的，但隐藏在背后的思维方式、价值观和信任感，是看不见的，但也是更加重要的。很多家长都说："我小的时候，爸爸妈妈都没去过学校，我也学得不差。"言下之意是说现在自己经常跑学校，经常和老师沟通，孩子反而没学好。其实这本来就是符合逻辑的现象：那一代的父母确实很少和学校联系，但父母也一贯支持学校的老师（如果在农村，父母本身的知识水平可能也不高，但对学校一样支持），所以，对老师的信任感是有的，这种信任感会传递给学生。现在父母获取知识的途径多了，对教育的想法也多了，这样想想也有道理，那样想想也有道理，家长从自身角度出发，有时候会觉得自己的教育方式更加有道理。父母的这种对学校的不信任感，也会传递给孩子——虽然父母可能也没有说，但他们的语气、眼神等都会传递出相关信息。

我遇到的很多孩子的教育问题，大多来自家庭中父母的意见不一。我给的建议是，父母意见要统一。女孩的话，一般我建议以母亲意见为主，男孩的话，我建议以父亲意见为主，性别差异会带来思维方式的很大差异。

对学校的认识也是一样，家庭可以有自己的教育理想、教育信念，但对学校信任、让孩子接受学校的教育是产生教育合力的适当途径。我也看到一些家长，说起一些道理来头头是道，但系统的教育只有在学校才能产生，不会在培训班，也不会在自我的碎片化的认知中产生。也有一些家长有特殊的做法，如郑渊洁教育孩子的例子就说明了个体家庭教育的成功，但个体的成功是否具有普遍的意义？这主要是一个概率的问题，究竟是学校的系统性教育成功的可能性大，还是家庭的个性化教育成功的可能性大？

沟通意味着各自有所放弃

家校的矛盾，产生于特定的时间。

我们小时候（40年前），父母忙着上班，老师和家庭的联系也不多，一个学期开一次家长会，我的父亲也去了，但老师还认不全家长。那时候期末的时候老师会来家访，家里准备得很隆重，但一般就是老师说，孩子和家长听。

随着时代和技术的发展，学校开始使用"家校本"，每天家长要对孩子作业进行反馈；后来是用"家校通"，很多消息都可以群发；再后来就是各种即时沟通工具，信息基本能够同步传达，但这种即时性并不十分适合在教育中使用，即时性就是碎片化了的教育，不断地反馈反而会让大家陷入莫名的焦虑。在这个过程中，孩子成长的时空不断被打乱，也不断被重组。

教育相对来说，是一项稳定、保守的事业。看到过这样一个说法，如果一百年前的人到了现代社会，他会发现教育的授课模式基本没有改变，虽然教室里的设备天差地别，但课堂中学生坐着、老师在前台讲授的形态基本未变。

现代社会各类教育信息的容易获得和教育本身的知易行难，使家长对学校教育有了更多的沟通需求，学校班级授课制和每一个孩子个性发展之间的天然矛盾、孩子在家长眼里的纵向成长和学校里孩子之间的横向比较、不同孩子生活和学习状态的差异……都容易使家长在理念上、行动上和学校产生矛盾。

【例7-6】理念不一：成功沟通不容易

接班是矛盾产生的高峰期，因为不同老师的教育理念是不一样的，有的老师认定"严师出高徒"，有的老师崇尚"师生是伙伴"。就理念讨论层面来说，也是公说公有理，婆说婆有理，难有定论。可以确定的是，作为一名教师，不能走极端，教师肯定有自己的教育理念和理想，但前提是真正把每一个学生的发展放在心上，为每一位孩子的成长赋能。

B老师带的班级在四年级的时候换成了H老师，H老师和B老师有一些明显的差异，H老师对学生的要求是比较严格的，眼里容不得沙子。刚巧，班级中有位小D同学，是中队长，很得B老师的器重，每个期末都能被评上优秀学生。H老师接班后不久，发现B同学有时候未经同学允许就把东西占为己有，找他谈话他还态度不好。H老师觉得这个问题非同小可，就找父母来学校聊，大部分的父母在这个时候，自然会为自己的子女开脱。父母说，原来在B老师的教育下，孩子各方面都很好，现在没一个月，就变差了吗？H老师一听，觉得家长有些护短，就告诉他们这些是事实，也许前面老师没有发现。

很多时候，这样的讨论往往见不到实效，因为大家谈的不是一个问题，父母关注的是换了老师孩子就不优秀了，心里有点接受不了，没有关注孩子确实存在的问题；老师觉得有了问题就得改正，而且父母一再强调原来的老师好，也有点间接贬低自己专业水准的嫌疑，但没有顾及家长在特定时期的心理感受。

沟通没成功，就会带来后续的问题。一个学期结束，小D同学破天荒地没有评上优秀学生，家长就开始用"放大镜"说老师的不是：对学生有成见，不能公平对待每一个学生……

坐而论道，不如起而行动

教育因为面对复杂的主体，各种理论层出不穷，虽然这些理论都能在特定的情境中得到解释，但同时也都带有一些片面性。为了克服这种片面性，教育者要具备的核心素养中，包容性一定是很重要的。而且在教育中，用发现法不可能解决教育的所有问题，讲授法也一样重要，不然，我们的教育就容易走偏。

教育也不宜放大某次事件的重要性，教育从总体上是依靠持续不断的影响产生效果的。而很多矛盾，总是由特殊的事件引发的，然后演变为教育理念之争，演变为对错的问题。教育中对对与错的区分度其实并不明显。有的错，可能对孩子的成长很有利；有的对，可能形成了孩子非此即彼的思维。与其争论理念，不如付诸行动。就像在孩子看书问题上，很多人会回忆起自己终身受益的一本书，但这是我们成年后的回忆。在孩子当下我们却很难说，哪本书一定非读不可。

当然，老师作为专业工作者，也不是教育的万能者，父母的一些见解需要尊重，而且确实很多家长的教育理念中蕴含合理因子，但不妨在实践中用事实说话。家校沟通的核心是聚焦孩子的发展，一旦聚焦到具体的人，我们就可以讨论具体的方法，这样父母和老师就找到了结合点，大家就能慢慢达成共识。

【例7-7】一元钱捐还是不捐？

最近，班级发生的一件事情挺出乎Y老师的意料：学校里组织"捐献一块压岁钱"活动，每人捐给红十字会一块钱帮助贫困地区的孩子。因为一块钱对于城市的孩子来说确实不是大数目，老师就简单说了下第二天早上捐。

第二天早上，学生们带来了自己的零花钱，有的还非要多捐一点。由此可见，组织这个活动的意图很明确，主要是让学生参与到公益活动中来。但有一个同学没捐，开始Y老师以为是她忘记了，就提醒她明天带来，老师也可以先替她捐。结果孩子说和家里父母商量过，听了父母的意见后决定不捐。捐献本身就是自愿的事情，老师也就没有说什么。课后，Y老师想来想去觉得不对，就从一个教育者的角度和家长进行了沟通。

家长的回应是不捐，认为红十字会的捐款到哪里去了都不知道，然后又和老师讲了一些红十字会的情况。Y老师告诉家长，红十字会的情况自己不是很关注，自己作为孩子的老师，有责任告诉家长应该培养孩子的公益心，这样对孩子的成长也更好。家长还是觉得不捐为好，老师也表示同意。

第二天，家长找到Y老师，主要是说老师在全班公布了上交捐款情况，还提醒自己孩子没交，容易导致孩子在班级里被孤立，提醒老师开展活动的同时要保护同学的隐私。老师觉得这个家长有点小题大做了，本身这件事情是培养学生公益心的一个契机，当然，我们的捐献渠道可能还存在一些问题，但从孩子的成长角度看，显然和其他同学做法一样，自己节约一元钱，做一件自己认为有意义的事情，更为妥当。我们当然可以和孩子讲一些问题，但小学低中年级的孩子，更加需要是建立对这个世界的稳定的看法，孩子还不能对红十字会曾经存在的问题做出判断，他们年龄还太小。

家长和老师的沟通没有成功，家长还是坚持自己的想法，认为自己的理解是正确的，需要从小告诉孩子这个世界的问题，然后自己做出决定。家长结合自身阅历、工作等各种情况，做出了自己的判断，但这种判断和社会的价值导向冲突的时候，教育往往是无解的。

从一件事中总能找到教育的意义

　　父母让孩子建立对老师、对学校的信任感，会加速孩子的成长。教育本身就是把人类社会最精华的价值、方法、知识传授给学生。因材施教的意思是对每一个孩子实施不同的教育，所以，教育在这个维度不是从"公平"的角度出发，而是从"匹配"的角度。但在实践中，我们却容易忘记，总是唯恐老师对待自己的孩子和别人的孩子不一样。这也说明，整个社会形成对教育的支持氛围，是多么困难的事情。

　　我们先来看一个例子，都说"有图有真相"，但"图"就确实是"真相"吗？网上曾发布过一张威廉王子的照片，照片中的他在侧身对着镜头比中指，而且，这绝对不是什么恶搞图，照片完完全全没有经过PS……

　　正当围观群众以为发现了什么了不得的王室丑闻时，我们看到了这张照片的正面版本：原来这张照片拍摄于凯特王妃刚怀上第三胎的时候，威廉正高兴地向媒体展示"我们要迎来第三个孩子啦！"

　　两张照片、两个不同的角度，让人们开始认识到，有时我们在媒体上看到的"真相"，只是媒体想让你看到的那一面。换句话说，由于网民和媒体的信息不对称，网络时代的媒体，具有"操纵真相"的能力……无数的例子可以证明，你看到的真相，很可能是片面的。

　　在孩子身上发生的事情也是一样的。心理学上有个ABC

理论：A，即 affair（事件）；B，即 belief（信念）；C，即 consequence（结果）。表面看起来，事件直接导致我们的行为结果，但其实，这中间，我们的信念做了大量的加工工作。如果我们想让自己的人生具有真正的价值，我们必须对B进行深度了解。假若对B没有丝毫了解，它对我们而言就完全是一个"黑匣子"，而我们的心理就是纯粹的本能反应。一个事件直接激起了我们的特定反应，或许会让我们感觉很爽，但我们对这个过程没有丝毫的控制能力。假若对B有了深度了解，那我们的内心就有了自主选择。深度的了解一旦发生，B就会发生变化，即便暂时没发生变化，它也不再是一个"黑匣子"。

【例7-8】信任不足：你以为看到的是全部，其实是侧面

　　C老师是一位资深的班主任，班级里有个小朋友叫小蛋，小蛋妈妈是全职主妇，主要工作就是管儿子。二年级的时候曾经闹过一个笑话：当时的老师觉得小蛋最近几天的表现不太好，希望妈妈能够和孩子聊一聊。结果妈妈的一群伙伴带着小蛋去剃了个光头，意味着新气象，这一举动把老师都弄蒙了。C老师是在小蛋四年级时接的班，没过几天，就发生了一件事情。

　　那天小蛋妈妈气呼呼地找到C老师，说孩子回家后裤子很脏，妈妈问为什么，孩子说是老师让他跪在地上擦地板，而且还钻到了老师的椅子底下。妈妈的意思是孩子在学校受到了老师的欺凌。

　　C老师吓了一跳，解释说中午擦地板这个任务是轮流的，每天

都有五六个小伙伴擦，本来蹲着就可以了，但有的学生为了擦的时候用得上力，是会跪在地上的，但时间不长，而且小孩子都是兴高采烈地完成的，没有觉得自己跪在地上有什么问题。小蛋可能是负责教室的前面一块，要擦讲台下面的地板（如果老师刚好在，学生就会钻到老师的椅子下面去擦地板）。那天午饭之前自己在处理学生的事情，吃饭迟了一点，有可能当时没有站起来。

　　妈妈非得说是C老师安排得不好，让孩子钻到凳子底下，有点侮辱人格。C老师只好说今后安排的时候注意，也提醒管饭的老师在孩子擦地板的时候不要坐在椅子上。

1+2=3

第 8 章

育人思维很重要

你站在桥上看风景 / 看风景的人在楼上看你。
明月装饰了你的窗子 / 你装饰了别人的梦。

——卞之琳

认知弹性理论是建构主义教育思想的发展成果，其提出者斯皮罗等人明确指出，传统教学在提高学生解决实际问题的能力方面表现出的力不从心，原因在于将低级学习阶段的教学策略盲目地推至高级学习阶段，使得教学过于简单化，表现出以下三种偏向：

1. 附加性倾向。将事物从复杂的背景中隔离出来进行学习，忽视了具体条件的限制。

2. 离散化偏向。即将本来连续的学习过程简单地分成一个个阶段处理。

3. 将整体分割为部分，忽视各部分之间的相互联系。

结合上述理论，我们认为，育人的逻辑思维需要结构化、复杂化、情境化，大致可以分成以下几类：

第一类是反应思维。类似于神经系统的条件反射，指有育人意愿的人对于一件事情做出的反应。譬如看到一个孩子在玩的时候哭，会想用食品或者玩具让孩子不哭，这就是反应思维。这类思维的不足是下次孩子哭时，我们采用的反应方式还是用食品或者玩具哄孩子，如果有一天发现食物和玩具不能满足孩子，就开始想其他办法……总之，将"工具箱"里的反应方式都拿出来用一遍，这其实也是简单的满足型的思维，就像大人看到孩子撞了桌子，就开始打桌子的反应，我觉得都属于点状的思维。

第二类是关系思维。育人者把出现的问题放在一组关系中做判断，可以简单地称之为线状思维。譬如看到一个孩子在玩的时候哭，首先是分析产生这种现象的原因：是因为周围人？是因为周围物？是孩子自己哪里不舒服了？根据对象做相关性或因果性分析的做法自然比直接的反应要更加综合一些。这类思维的问题是如果没有找到相关性，或者将相关性直接判断为因果性，就往往和事情的真相相去甚远。

第三类是空间思维。把出现的问题放在特定的场景中做分析，不仅仅考虑儿童及与之对应的人、物、事的关系，而且考虑儿童的空间环境和背景。譬如还是以看见一个孩子在玩的时候哭为例，这种思维会开始了解他哭的细节：他是在这样的情景中一开始就哭？还是玩了一会儿哭的？这样的环境他是否熟悉，是第几次玩？……我们也可以称之为面状思维。

第四类是时空思维。对出现的问题结合儿童自身发展做纵深思考，同时考虑儿童的成长环境。看到一个孩子在玩的时候哭，会去了解这个孩子是否经常在家里哭；一般在什么情况下停止哭泣；或者从孩子的年龄结构判断，哭是不是他的一种表达方式；今天她是在什么环境下、有哪些人在、当时正在做什么的时候哭的。

从育人思维的角度看，儿童的成长会越来越丰富。最表层的是情绪表现，接着是语言表现，行动表现，习惯表现，价值表现。习惯表现就是持续的语言和行为的表现，因此从习惯表现开始，儿童的表现就进入了比较深层次的阶段。

当前的教育，之所以浮躁、让人感到焦虑，主要也是因为育人者的反应集中在孩子浅层的表现，尤其是学习知识的维度，真正对学生终身发展有用的兴趣、习惯、价值观因为见效慢、不易衡量和呈现，没有得到重视。如果育人者关注的是孩子的表层，就可能会焦虑。走出焦虑的最好办法，就是从深层次关注孩子的成长。对于一件事情，深层回应和浅层回应会随着时间的流逝而呈现出完全不一样的效果。

第一节　育人思维的逻辑框架

我们日常对孩子的观察，一般还是停留在可以看见的部分，就是我们前面所讲的孩子的情绪、语言、行动等方面的表现。

但孩子还有很多部分是我们看不见的，如孩子的心理变化、思维过程、价值支撑等。这就需要我们从发现"眼前孩子"的教育，转型为发现"隐性孩子"的教育（见图8–1）。这样，我们才能看到完整的儿童，也才能说是真正走入了育人的大门。

儿童的情绪、语言、行动

儿童的心理、思维、价值观

图 8–1　"冰山模型"：发现"眼前孩子"和"隐性孩子"

吉百利有一个非常著名的广告：一只黑猩猩非常投入地伴随着英国歌手菲尔·柯林斯的歌声在打鼓

演奏，片中没有任何产品信息，演奏完这首歌，广告结束，最后出现一句文案："来上一杯半，快乐无极限。"并搭配了品牌的标识。广告没说吉百利巧克力怎么样，但据说这个广告在当年带来了同比4.88倍的业绩增长。真正好的广告，是隐藏在人与广告的情感链接中，而不是直接推销产品。真正的育人，也隐藏在我们与孩子之间的信任中，而这种信任感，最初建立在情绪上。婴幼儿的辅导书中都说，父母要关注婴幼儿的情绪，与婴幼儿有身体的接触，语言的交流。孩子逐渐长大，与孩子建立信任就难一些，总的来说就是一句话："做事做到孩子的心上去。"最简单的"检查"就是，我们是否知道孩子最近最喜欢吃什么？最近喜欢什么样的衣服？最近喜欢听什么类型的故事（音乐）？最好的朋友是谁？……

育人思维的分析框架

我们可以将育人者的思维逻辑和儿童的日常表现用坐标来呈现，以便清楚我们应该怎么在心理的层面做思维的分析。我们发现，不管是儿童的显性表现还是隐性表现，都可以从反应思维、关系思维、空间思维、时空思维四个维度展开，但不同的育人思维形式，带来的育人效果是不一样的。对于儿童的显性表现，我们一般都会有反应思维，但仅仅这样是不够的，应该更加多地运用空间思维和时空思维，也就是说，要往思维的深处走，做复杂性分析。而对于儿童的隐性表现，我们一般是从空间关系和时空关系做思考，但应该更多地走向反应思维和关系思维。这样才能

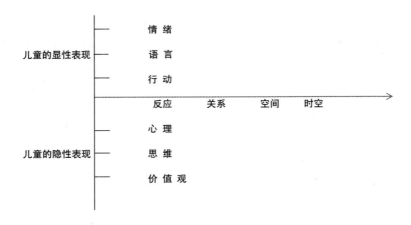

图 8-2　育人思维的分析框架

有效促进孩子的生长，更好地引导孩子的价值观（见图8-2）。

图8-2中纵轴上的每一项表现都可以和横轴上的每一类育人思维关联，这样就构成一个网状的育人思维分析框架，方便我们对孩子出现的各种情况从育人思维的角度进行解读，寻找对策。下面我们以孩子日常生活中经常出现的"不交作业"为例，来做一个阐释。

从纵轴上看，不交作业属于孩子的行动（行为），已经经过了情绪表现阶段（譬如对作业不喜欢、厌恶）、语言表现阶段（譬如用逃避的语言或编理由少做、迟做、不做），也就是说，如果孩子已经出现持续的不交作业现象，作为老师或者家长，要充分考虑到孩子经历的过程，换位感受孩子遇到问题时的心情，做出合理的行为改进规划。显然，对于孩子不交作业的行为，我们要通过和孩子的沟通或者和家长的沟通，了解孩子语言和情绪上的变化，更加准确地把握孩子的状态，和孩子的交流、对孩子的引导才能有好的成效，才能把话讲到孩子的心坎上去。

　　然后我们从横向的育人思维来做思考，不同层次的思维虽然有递进关系，但对于孩子的成长来说，并没有主次之分，但思维层次有低高阶的区分，下面我们先来看不同育人思维的思考内容：

　　反应：学生为什么不做作业？这个学期有多次不做作业的现象吗？一般对于不做作业问题，老师总是会从态度的角度批评：不做作业是态度问题，做错是能力问题，因此不做作业是绝不能容忍的。其实不做作业是有很多原因的，譬如确实没有时间。一般的孩子在老师或家长批评教育后都会独立完成作业。但根据大部分老师的经验，班级中经常不做作业的同学，今天批评后做完了，明天可能又不做了，还要继续批评督促……循环往复，可见只有反应的育人思维并不能比较好地解决学生的问题。

　　关系：学生不做作业的具体原因是什么？是因为孩子不喜欢这门学科，还是对这个知识点确实不懂？还是因为题目有难度，来不及做？一般如果这样理解时，老师和家长就会对孩子进行单独辅导。有很多学生长大后写回忆老师的文章，往往会写到老师的个别辅导对自己的作用，甚至于某一次的单独谈话或辅导对自己从事的专业或者喜欢学习具有决定性的作用，其实是老师通过个别辅导加强了和学生的关系，从而使学生慢慢喜欢上了这门学科；或者是在某一次的交流中，学生发现了学习的门道。但这种结果是学生认知、情感层面从量到质的飞跃，是可遇而不可求的，如果我们希望通过几次交流就产生决定性的作用，对于经常不做作业的学生来说，大概率是不存在的。

空间：学生不做作业是否有特殊性？是不是遇到了什么具体的问题？这时的育人思维已经转化为他者思维，老师和家长已经能够站在学生角度思考学生遇到的具体问题。因为是具体问题，所以解决起来就会具有针对性，对于不是经常不做作业的学生，就更有效果，因为学生不做作业，本来就提心吊胆，而老师的一番理解学生的语言和做法，不仅解决了孩子的担心，更加重要的是教给了孩子什么叫"宽容"，孩子也会因此更加喜欢老师和这门学科。对于经常不做作业的孩子（一般都有家庭的各类问题），随着家校沟通的深入开展，作业情境中的一个个具体问题会被逐渐解决，老师的教育也会逐渐出现效果。

时空：学生完成这个作业需要掌握什么背景知识？这种背景知识老师曾经提供过吗？学生学习的知识和未来有什么连接关系？大致需要掌握到什么程度？学生做这个作业需要得到哪些支持？这些支持分别来自哪里？学生是否可以很方便地获取到相关资料？……这些思考更加复杂多元，更加能够精准地找到学生的问题。把作业问题系统性地生活化，以育人赋能学生成长，达成的效果是教学相长，学生和辅导者都能从中得到成长。

儿童表现的六个层次

是否能够从儿童的日常点滴生活中发现其禀赋，从而因材施教，是教育的永恒话题。因材施教是各国教育家研究的母题，具有挑战性,其研究主要有三个阶段,第一阶段是对儿童的发现,即"因材",虽然无数的心理学家和教育家开发了无数的工具,但我们对儿童个体的了解,还存在很多的困惑;第二阶段是基于发现的教育,即"施教",遇到的挑战更大,尤其是在班级授课制的情形下,施教的对象其实是相对模糊的,因为对象模糊,所以教育的内容也是相对模糊的;第三阶段是施教的结果,但现阶段的评价手段依旧缺乏,因材施教更大的挑战在于,教育的对象具有成长性,成长还具有跳跃性,因此,因材是动态的,施教也是动态的,需要不断修正教育内容和方式。

前面是对因材施教复杂性和挑战性的思考,但同时,我们必须明确,教育是有规律的,这个规律是指在相对的时间阶段,个体具有相对的确定性和稳定性,这也是课程制定的基本依据。所以,我们对因材施教的理解,应该是一种共性+个性的组合认知。在儿童的某个成长阶段,个性可能是重点,但从儿童成长的长期过程来说,则共性是重点,下面我们就儿童成长的过程来阐述其日常表现,可以从六个层面来做思考(见图8-3):

儿童表现的第一层次是情绪。人作为自然界的一员,情绪很多是天生的,譬如不管是人还是其他的动物,最初听到雷声都会表现出恐惧。儿童在成长初期,也主要是通过情绪来表达认知。在小学低段,有些儿童语言的发展还不是特别好,老师主要也是通过情绪来了解他的真实情况。

儿童表现的第二层次是语言。小学时期的语言已经能够保证儿童应对日常生活,但如果进入稍微深层一些的语言情境,会发

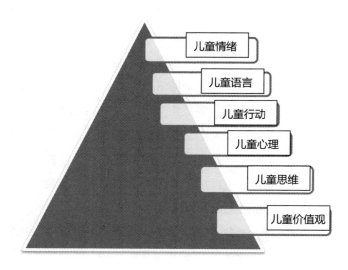

图 8-3　儿童表现的六个层次

现儿童多半还是会遇到困难和阻碍。儿童是不太明白语言中的比喻义、引申义和反义的，所以在和儿童交流时应该多用陈述性语言。

儿童表现的第三层次是行动。其实，从人的成长来看，行动的表现是在语言之前的。但在日常中，语言是更常用更简单的沟通方式，因此，将行动放在第三位。一个低幼阶段的孩子，更多是以行动来表达，譬如一个孩子对一个东西好奇，总会想拿起来看一看，可能还会咬几下，这是他在探索；有的孩子长大后，依旧会有类似的习惯残留，如紧张的时候用手拉衣服角，焦虑时会咬手指头，等等。

儿童表现的第四层次是心理。这里的心理主要指心理活动，我们主要还是通过孩子的动作、神态等来发现孩子的心理变化，因此它具有隐藏性。有的人性格外向，心理活动很容易显现，有的人性格内向，心理活动就不太容易被发现。好在历代的心理学家通过各类实验，制定了无数的量表，这些量表能够基本满足我们对孩子的了解需求。当然，很多量表要注意不同年代和适用区域的问题。

儿童表现的第五层次是思维。语言是思维的外壳，思维是语言的内涵，所以思维的呈现一般是语言，也包括动作、神态等。这里的思维，主要指儿童在面对某个事情的时候，能充分调动自我认知、情感等一系列的心智活动。尤其是在儿童脱离低幼阶段后，动作、神态都受到思维的影响。面对现象和做出反应的中间过程，就是心智活动，很多时候，心智活动直接就决定了反应，这也从一个层面印证了认知归因理论具有正确的一面。

儿童表现的第六层次是价值观。这里更多关系志向、信仰，也就是儿童思维、语言、行动的稳定性。中国古人言"三岁看到老"，大致就是这个意思，儿童小时候的周围环境及形成的价值观，对其终生都有影响。所以我一直觉得"修身齐家治国平天下"是中华文化中蒙学教育的瑰宝，看似有点高不可攀，但正因为如此，它才成为一代代士子的追求目标。小学高段的学生，比较容易和父母、老师等形成矛盾，其中很重要的一个原因是双方价值观的差异，同时，学生思维的宽度又不够。

第二节　育人思维在实践中的探索

我们分析了很多的案例后就会发现，一般来说，对育人思维操作得比较好的（适合儿童当时的层面的），都能取得比较好的结果；反之，超越了儿童的思维阶段的理论，不管说得多么天花乱坠，并不能真正带给孩子成长。

行动比语言更直观：鼓励尝试"五步法"

孩子总是会遇到一些自己不想做的事情，或者说，孩子告诉你不想做什么事情的时候，说明他已经具有了初步的判断能力。但教育的复杂性在于，我们有时候不清楚孩子是因为担心或者畏惧某件事不想做，还是因为这件事情不适合他才不想做。由此，也会形成两种不同的思维方式：一种是认为这件事必须做，要坚持，因为坚持本身也是一种良好的品质；一种是认为要尊重孩子的选择，选择也是一种重要的学习方式和生活方式。但这样就尴尬了，因为孩子不可能同时实现两种思维，即不可能同时实现选择和坚持。那该怎么办呢？

我觉得不妨先不要直接做出判断，而是做进一步的深化，我们在孩子遇到畏难事情的时候，往往容易只给孩子鼓励（鼓励是对的），但没有进一步地交流和行为深化。仅仅鼓励孩子，一般来说只对初级的问题有效果，对高级问题或者孩子已经比较大的时候，一般是没有效果的，因为他自己可能之前也鼓励过自己好多次了。

那怎么处理比较好呢？不妨尝试一下鼓励的"五步法"。

第一步：先对孩子的畏难表示理解，孩子拒绝尝试或者不想尝试，总是有一定的理由的（即使这个理由在成人看来是不成立的，但对于孩子来说暂时成立，这个需要给予理解）。

第二步：观察孩子的行为，有助于对孩子做出进一步的判断。

第三步：不妨自己先做一做，这也是模仿中的示范，变"要你做"为"看我做""跟我做"，这样的话后续交流也更顺理成章，更能激发孩子的勇气或兴趣。

第四步：可以和孩子一起尝试，一起尝试是真正的亲子活动，孩子一般都乐意和父母一起玩。这在教学上，就是"半扶半放"。

第五步：引导孩子愿意自己尝试，我们从孩子学习走路、骑车中可以得到启发，一旦孩子能够自由地做某件事，他就不愿意再受到父母的限制。

【例8-1】玩冰滑梯"五部曲"

2014年冬天，我们一家去北京玩，在什刹海玩滑冰时，场地边上有一个很高的冰做的滑梯，滑行的距离大约是30米，这个在杭州是见不到的，我们就鼓励小能去玩一玩。

小能一看，估计吓了一跳，说不想玩时，但从语气中显然是有一点畏惧的意思。怎么办呢？我就用了上文的五步法。我先和小能说："小能，这个上次我在哈尔滨玩过，开始也是有点害怕，但后来玩玩觉得蛮好玩的！"大人的真实"示弱"，能拉近和孩子的距离，是和孩子良好沟通的基础。听了我的话，小能的情绪好一点了。我又说："你看，这么多孩子都在玩！"暗示他这个是很好玩的。小能说："他们是会玩的小孩！"我没有继续讲道理，对孩子来说，讲道理不是很有用。我和小能观察了一会儿，看着别人都成功了，小能在旁边看着也很高兴。我看时机差不多了，就说："我们一起去玩一下，好不好？"因为亲子的信任，小能说："好，我坐你后面！"我说："可以，你抱着我，如果你坐前面，我就抱着你。"我们试了一次，很顺利。我说："要不你坐前面玩一次？"小能马上就答应了。又玩一次后，小能说："能不能我一个人玩一次？"我说"好啊，本来就是这个目的啊"。小能玩了一次，感觉很好，他说"再玩一次吧！"又玩了一次，因为时间关系才结束，如果有时间，估计他还想玩。

所以，遇到孩子不想做的事情，把事情分解到孩子觉得可以控制的范畴是很重要的，孩子觉得自己能够把控，觉得有安全感、控制感的时候，就能把事情做好了。如果我们一味和孩子讲道理，但行动上又没有跟进，效果就不一定好。孩子不愿意，体验感也没有增强，我们大人可能还会很生气，那就更是本末倒置，除了孩子更加畏惧这类事情之外，我觉得没有任何作用。

从育人思维的框架分析，这是把语言的层面落实到行动的层面。对孩子来说，行动是更加直观的层面。同时，如果再适当地加以引导，行动的层面也比较容易转移到心理和思维的层面，儿童在心理层面上，会更加勇于挑战新的事物——因为他有面对陌生事件并且挑战成功的体验。当孩子下次遇到新的事件并犹豫不决的时候，我们就可以和他一起回忆这次成功的体验，孩子就比较容易再次挑战，这样，孩子的成长就进入了良性发展和循环的通道。

契机比引导更重要：不妨从等待中发现

教育具有场景性，但我们平时的育人工作，往往容易脱离场景。场景在人与时间、人与空间、人与技术、人与人之间实现了多维度的链接。学习场景把更多因素卷入，呈现出教育的复杂性，意味着教学的更多可能。

场景的另外一个重要作用是有利于实现学习迁移，因为学习迁移就是指一个人在一种情境中的学习会影响他在其他情境中的学习。孩子对情境中各种因素引发的各种思考，会促进其多方面的成长。

【例8-2】合适的时机才能解决合适的问题

小能刚上小学的时候，有时候会和同学闹矛盾——闹矛盾本身说明的是孩子想处理问题但还没有相关的能力。我们很多家长和老师关注的是孩子没有处理问题的能力，但我觉得对小学生来说，更加值得关注的是孩子"想处理问题"。因为想处理问题是动力问题，而没有处理好问题是能力问题，长远来看，动力比能力更加重要。

但千万不要以为，我是认为能力不重要。我是觉得，从能力维度上，只要我们想，总会找到解决问题的办法。

小能和同学闹矛盾的事情，我一直记在心上。

刚巧，机会来了：这天早上，我和小能一路说说笑笑地上学去，在一个拐角处，我们看到一辆电动车和前面一辆自行车撞在了一起，在争论中两人一言不合就吵了起来。我把电动车靠边停下来，然后和小能说："我们一起来观摩一下别人怎么吵架，最后的结果会怎么样。"我们在旁边静静地听，两个人你来我往，互相都说对方的不是，但问题还是没有解决。因为撞在一起，无非就是后面的人抱怨前面的人怎么速度突然慢了下来，前面的人强调是后面的人不注意撞上来的，本来就是撞了一下，也没什么特别大的影响，但这两个人在一起争执了半天……后来旁边的人分别劝了劝两人，他们才终于结束了争吵，时间也过去20分钟了。然后我和小能讨论：如果一开始两个人看看人没伤到，就互相解释一下，结果是不是一样的？碰到想吵架的人，最明智的办法是不要和他吵，不然自己也会掉到泥潭里去。小熊能明白多少我不清楚，但从此以后，他和同学闹的矛盾就少了。

思维变了，价值也就变了

有位老人生活在一个宁静的村庄里，老人很喜欢恬静的独处时间。但不知从何时起，他家门前的空地开始喧闹起来。原来空地中央种上了一块向日葵田地，村里的孩子们都喜欢拿向日葵玩耍。于是，那里就变成了孩子们的游乐场。

为此，老人发过火，撵过孩子们，但只能得来一时的清静，没过多久，孩子们又聚众嬉闹起来。百般无奈的老人左思右想终于有了一个好主意。老人把玩耍的孩子们招呼过来，对他们说："看到你们玩得这么开心，我也很高兴。以后你们每来玩一次，我给你们每人发一块钱。"

孩子们看到原本凶巴巴的爷爷突然变得和蔼，都犯晕了，但真的得到一块钱以后，就高兴得不得了，每天都来空地里玩。几天后，老人又向玩耍的孩子们说了这样一句话："孩子们，我手头的钱不多了，以后每天只能给每人发五毛钱。"

这样一来，孩子们都一脸不高兴地说："五毛钱？我们才不会为那点钱来这里玩呢！"从此以后，孩子们再也没来玩过，老人也得以怡然自得地享受宁静。

为什么孩子们原来玩得那么开心，可后来再也不来了呢？原因在于，孩子们所获得的奖励，发生了转变。

激励可分为内部和外部两种，内部激励是指活动本身就能带来满足感和乐趣，从内心里产生的主动性和驱动力驱使我们做出相应的行动。而外部激励则是指外在的奖励（表扬、金钱、荣誉等）促使我们做出行动。外部奖励如果使用得当，能进一步调动人的积极性，帮助人们实现自我完善，如果使用不当，反而会压制人的内部激励。

【例8-3】哲学启蒙：菜场中的学问

中国哲学追求的真理，更多指生命或人生的真谛，它更多是在体验和直觉认识中得到的。所以，中国哲学不像西方哲学一样研究逻辑推理，而是更多来自日常生活中的感悟。学校一直在开学典礼中进行哲学体验教育，因为开学对于学生来说具有特殊的意义，这样的哲学体验，能够给学生带来人生的启迪。

2017年开学典礼的主题是"学会选择学问大"，要求孩子们利用学校周边的菜场，选购自己喜欢的菜。回到班级后，低年级围绕"每个人的选择是不一样的"、中年级围绕"尊重别人的选择"、高年级围绕"人生的选择是有限的"开展了体验分享活动，孩子们兴奋地讨论着，或讲故事，或辩论……

一个孩子说："我只会炒番茄炒蛋，怪不得我五分钟就结束选购了，因为我没得选。而其他同学会烧的菜式多，可供他们选择的范围就大了。原来自己有本领，有底气，才会有更多选择的自由和机会。选择的权利总是留给有准备的人的。怪不得妈妈常说，'孩子，你现在勤奋读书，只为了将来有选择的权利'。在今天的开学典礼上，我懂了这句话的含义。"

第三节　育人思维的动态演进

育人需要系统思维，也就是五育（德、智、体、美、劳）融合的思维。育人思维的割裂或者点状分散，将导致各种教育力量之间无法形成合力，结果就是看上去轰轰烈烈，好像也做了很多事情，但最后落到学生发展上，却没多大进步。

五育融合是一个动态演进的过程，而不是一个一蹴而就的过程。我们以如何加强劳动教育为例。

一是改变课程设计。为了加强劳动教育，我们会增设劳动课和相关活动，好处是劳动教育凸显出来了，带来的问题是如果增加了劳动教育课程，其他课程会减少，或者增加学生负担。

二是均衡整合学科。将学校原来课程中和劳动教育比较接近的课程，如《道德与法治》《综合实践》等课程中的内容进行重新整理，再适当完善，从而实现"五育并举"。

三是融入整体教育。实现劳动教育课程与其他各育课程的融合，让劳动教育渗透于日常的教育教学之中，实现劳动教育的日常化。只有与其他各类教育融通并实现日常化的劳动教育，才能实现可持续发展。

清单思维：让育人工作看得见

《中国青年报》报道：2020年1月18日，浙江省教育系统工作会议在杭州召开。会议上，浙江省教育厅厅长陈根芳发出"灵魂拷问"。他说：吃鸡、英雄联盟、王者荣耀，你玩过吗？李现、肖战、王一博，你知道他们是谁吗？你不知道，你就引领不了年轻一代。[①]亲近年轻一代，学习、了解、掌握他们的话语体系、身心状况、所思所盼，才能做好学生的工作。

东京迪士尼被称为最专业的乐园，那里的清洁工每半年需要进行一次培训，培训的内容是什么？第一项是扫地，不同的扫把有不同的清扫方法，而且距离客人15米以内不能清扫；第二项是拍照技术，所有的清洁工都要学会使用世界上最先进的数码相机；第三项是学会包尿布；第四项是会辨别方向，所有人要把整个迪士尼的地图熟记在脑子里，明确每个方向和位置。[②]

李镇西说："我是孩子最信任的人吗？如果答案是否定的，那么，我们就谈不上任何真正的教育。"[③]作为教师，需要用心

[①] 李剑平.浙江省教育厅厅长：要正确认识年轻一代教育对象[N].中国青年报.2020–01–18.

[②] 马骉.认识你的学生：校长专业化治校的首要能力.https://www.sohu.com/a/317193947_177272.

[③] 李镇西.做最好的班主任（修订本）[M].北京：文化艺术出版社,2010：61.

面对教育，让育人成为一件专业的事情。专业的前提是有专业的操作工具，育人也有可以操作的工具。

【例8-4】六顶帽子法：道德思维的一次交流

将班级分为六个小组，每个小组人员若干，自主阅读孟晚舟回国的一些新闻，阅读孟晚舟在回途中写的《月是故乡明，心安是归途》等材料，每个小组只专注于自己的问题，长假后进行发言交流。发言顺序按照拿到的红—白—黄—黑—绿—蓝色思考帽顺序，并做好相关记录。

戴红色思考帽的学生关注的问题：我学了以后印象最深的是什么？我最想说的是什么？我觉得最应该学习孟晚舟的什么精神？我现在更加尊重（讨厌）华为了吗？为什么？等。

戴白色思考帽的学生关注问题：看了新闻后我知道了什么信息？我还想了解谁的信息？为什么？我原来在哪里看到（听到）过谁的信息？等。

戴黄色思考帽的学生关注问题：我从材料中学习到孟晚舟的哪些精神？我最想做故事中的哪个人物？华为给我们国家带来什么益处？等。

戴黑色思考帽的学生关注问题：中国科技公司人员的安全如何得到保护？中国外交人员为孟晚舟回国付出很大努力，可能会带来什么问题？等。

戴绿色思考帽的学生关注问题：未来我们需要怎样的科技公司？如果我在孟晚舟身边，我会怎么做？有人建议国家要拥有所有的科技成果，对此你有什么想法？等。

戴蓝色思考帽的学生关注问题：我了解身边同学使用的是哪一种帽子后，他的观点是什么？我们大家形成的主要观点有哪些？哪些是相同的，哪些是不同的？等。

育人者要善于"意义通达"（引导儿童）

20世纪法国最著名的儿童心理学家皮亚杰曾向教育工作者提了一个问题——你认识你的学生吗？

教育家陈鹤琴有这么一句话：儿童就是儿童，有着不同于成人的特点和需要，有着独特的精神世界，因此只有深入地了解儿童，深刻地理解儿童，才能有效地教育儿童。

德育活动有自身的规律和特征。德育活动更指向对价值观的学习，无法通过背诵和记忆概念的方式去体会和实践其中蕴含的意义，个体只能通过真实的生活实践明白和体会德育活动的意义，德育活动与个体生活经验紧密联系。因此，回归生活，是德育活动实现价值学习的主要路径。

意义通达，就是让德育活动和学生生活深度融合，使德育活动的价值和意义真正根植于学生的心中。整合道德认识、道德情感、道德意志和道德行为等维度，实现立德树人的教育使命。

【例8-5】垃圾分类的学问[①]

A学校很重视垃圾分类，要求每个班主任老师督促学生掌握相关知识，班主任都各显神通，利用午间谈话等时间对学生展开相关的教育。同时，为了方便学生和家长可以利用碎片化时间一起学习，学校大队部还特意做了微课。全校一副热火朝天学习的样子。但有一天，校长随机询问了几个学生：小区的垃圾分类做得怎么样？自己家里的垃圾袋是小区发的还是自己去领的？……学生却有些答不上来，在日常的班级卫生中，学生也没有很好地做到垃圾分类。

B学校的分管领导觉得垃圾分类目的是在生活中应用，是基于学生认知的自主活动。因此，B学校首先是结合运动会进行了"垃圾分类接力赛"——不同的选手必须把自己手上的"垃圾"合理地放入终点线设置的"可回收垃圾""其他垃圾""易腐垃圾""有害垃圾"等筐，才能继续接力。为了在接力赛中取胜，各个班都摩拳擦掌，大家为了竞赛开展了各种准备，在不知不觉中完成对垃圾分类知识的掌握。随后学校邀请社区的社工来讲解社区里垃圾分类的一些情况和注意点，社工也表扬了社区中做得特别好的一些家庭。学生回去也和家长做了交流，结果社区的垃圾分类工作又改进不少，很多学生成为社区"垃圾分类小标兵"。

---

① 节选自《意义通达：小学德育活动的设计及实施》一文，该文曾获 2021 年杭州市中小学德育论文一等奖。

育人的边界和无边界

无边界是育人的显著特征，育人总是自然地渗透在孩子成长的日常中。无边界理念强调学校育人机制以学生为中心，需从管理育人、服务育人、家校社区合作育人等方面协同发力，最终促进学生德智体美劳全方位发展。当然，无边界的意义是指模糊边界、柔化边界，围绕某一育人主题，打破教学中时间、地点、任务和结果的单一性，为学生提供更为开阔的平台和空间，最终实现学生的德性成长。

杜威曾说："道德目的应当普遍地存在于一切教学之中，并在一切教学中居于主导地位——不论是什么问题的教学。"[1]这句话阐述了育人的无边界。苏霍姆林斯基也认为："形象地说，道德是照亮全面发展的一切方面的光源，同时又是人的个性的一个个别的、特殊的方面。"[2]这句话说明了育人的边界和无边界。总的来说，在小学阶段实践育人的无边界，主要的路径有以下几点。

课程无边界：在课程建设过程中，需要打破德育与智育分离的二元论，发挥学校课程的整体育人功能，探索育人模式的整体变革。

学科无边界：实现跨学科的融合育人。

---

① 袁振国主编. 当代教育学 [M]. 北京：教育科学出版社，2004.
② 苏霍姆林斯基. 给教师的建议 [M]. 杜殿坤，编译. 北京：教育科学出版社，1984：159.

活动无边界：开展学生喜闻乐见的形式的主题活动，将育人渗透在活动的各个方面。同时，它也指可以对任何一个简单活动的活动链进行延伸，让活动的价值充分体现。

【例8-6】　送给小B的糖

上午第一节下课，小B跑到我办公室，说这几天的作业都是自己抄的。

这里需要先插叙一下事情的背景：

上周五的时候，因为小B总是不抄黑板上老师布置的要做的作业，L老师生气了，后来和小B的爸爸、奶奶还发生了一些语言上的冲突——凡是冲突，自然双方都有责任和情绪，这里不做论述。

所以，小B到办公室和我讲这件事，意思是他已经坚持四天自己抄作业了。我觉得他也挺不容易的。于是，我从抽屉里找出一小盒"费列罗"，拿来奖励他。

他一看激动了，但我的本意不仅在于此。

我问他："这盒糖和谁分享？"

他一下子说不上来，我说应该和同学（这个时候一旁的小Q同学说自己也每天抄作业）、和老师分享（现在想起来，还要和他爸爸分享）。

我这么做的原因是让学生明白，自己的成长是要感谢很多人的。同时，我也是借此机会，增进师生间的沟通。

他刚要走，我问："你准备怎么和L老师说？"

他说："L老师，这个糖送给你！"

我说："这样太简单了。你要说下原因——在L老师的帮助下我改正了不抄作业的坏习惯，庞校长听了很高兴，奖励我一盒糖，我觉得是L老师的功劳，因此送L老师吃两颗。"

一个孩子，他是怎么和老师、伙伴交流的其实很重要，教育是一门专业的学问，其中有很多心理学、教育学、社会学知识的支撑。可惜，我们的教育并不会很专注地研究这些问题，这也是很多教育出问题的原因。

跋：童年的秘密就是教育的密码

　　每个人的童年都会有很多秘密。

　　但很多爸爸妈妈甚至爷爷奶奶以为自己经历过童年，就理解了童年，其实，成年人脑海中的童年，肯定只是雪泥鸿爪，那是经过过滤的童年——过滤了很多我们大脑不愿意记住的东西——据说大脑有这个功能，这挺好的，有利于我们的身心健康。特别是我们国家，这几十年的变化特别快，现在儿童生活的世界和当年爸爸妈妈爷爷奶奶生活的世界，已有天壤之别，因此我们更加需要抱着"婴儿般的好奇"思考孩子童年的每一个瞬间。

　　但奇怪的是，很多老师以为自己学了点心理学或者教育学，就对童年的理解更加深入了。其实，心理学和教育学中的童年，也都是过去的童年了。而且，教育学、心理学方面的书浩如烟海，有很多我们没有学到的知识，哪怕学到了，但也没学懂。随着不同区域、不同工种、不同年龄的人进入城市，他们的子女也带来教育样本的丰富性，但扎根祖国大地、扎根现实基础的原创性理论并不多，理论和实践层面或多或少存在一些脱离客观情况的问题，这也影响了教师专业化路径的实现。

当然，我说童年的秘密就是教育的密码也不对，应该更多的是小学阶段的秘密，但这不是说小学以后童年的秘密就不存在了，而是说呈现得逐渐少了。

童年确实是有秘密的，有些秘密甚至是"机密"，有些秘密甚至是"绝密"。我经常看到家长焦虑的样子，焦虑的原因有很多，一言以蔽之，就是不知道该怎么办了。你看，不是说明童年是绝密的吗？

即使是机密、绝密，即使找不到密码，也总可以看出一些端倪。尤其在小学（孩子大了就可能看不到了，或者被孩子有意识地隐藏了，其实埋下的问题更大。这些问题有的可能会在随后的岁月中消解，有的也可能会爆发），所以，看到孩子暴露的一些现象，我们应该由衷地感到高兴，孩子天然就是来犯错误的，孩子的错误，其实是暴露了孩子在知识、能力、情绪等方面的不完善之处，同时，也蕴含着孩子的某种成长的倾向。

如果孩子喜欢抗争，那大概率有一位喜欢抗争的家人。因为抗争都是双向的，而不论孩子与谁抗争，最后"输"的都是孩子。

如果孩子喜欢说谎，那大概率有一位追求过高目标的家人。因为孩子如果能够做到很多事情，或者偶尔没有做好，一般也不愿意撒谎。

　　如果孩子不愿意和家人交流，那大概率家里有人比较唠叨。因为人天然喜欢交流，只有高频率、无效的交流，才是让人厌恶的。

　　如果孩子不讲道理，那大概率是没有人和孩子讲道理。有时我们会因为孩子还小听不懂道理，就不和他们讲道理。但后来我们发现，孩子的"模子"就是我们。

　　破解孩子的密码，需要观察，需要推测，也需要技术支持。教育无疑是个巨系统，因此，还需要系统、整体的思维方式。

　　观察孩子经常呈现的行为、语言态势，特别关注孩子在偶发事件中的表现，特别关注特殊情境下（如特别高兴或遇到挫折时）孩子的作为。童年的秘密隐藏在孩子的情绪中，孩子的情态不会作假；童年的秘密隐藏在孩子的语言中，语言中的高频词特别能说明一些问题；童年的秘密隐藏在孩子的交往关系中，社会关系的多元化（如网友），使现代孩子的表达需求要在更加多元的框架下去解读；童年的秘密隐藏在孩子的身体中，孩子的生活习惯中蕴藏着他的很多信息。

　　推测可能需要经验的积淀和学理的支持。对于孩子的所有行为，我们都能做出不同可能性的推测。寻找到每一个孩子的不同，是教师的专业所在，也是教育的复杂所在。一方面可以借助经验的积淀，在面对同一件事情时，我们看到有经验的老师往往是云淡风轻，而新手就容易手忙脚乱；另一方面需要学理的支撑，但教育中的一些行为实验，典型的如"棉花糖实验"①，现在也有老师依照原实验进行，但得到的结论却与原实验不太一样。究其原因，是"棉花糖实验"的学理依据不应该用棉花糖作为考验物，而应该用有吸引力的东西。糖对当代儿童的吸引力和几十年前相比，基本已经没有了，尤其是现在很多父母都会让孩子少吃糖，有的孩子甚至直接不吃糖。所以好多"坚持"没吃的孩子，背后有很多元的原因，不宜直接得出现在孩子延迟满足情况良好的结论。

技术支持也很重要，色彩治疗、绘画疗法、戏剧疗育……值得尝试和进一步探究，同时，寻找中国传统教育中的一些值得参考的做法，如一周岁时的"抓周"，而"三岁看到老"到底是什么东西可以看到老？也值得我们在技术上做一些讨论。当然，大数据也非常重要，从理论上看，只要有足够多的数据和足够丰富的建模，根据学生的一般性表现，它们就能给出一些具有启发性的建议。相信技术，在某种意义上就是相信科学，技术未必对每个孩子都适用，但对于一些普遍性现象基本适用。我们的教育，喜欢宣传类似"哈佛女孩"的故事，凸显了特殊性，缺乏了普遍性。我认同每个孩子都是有差异的，但我同时认同每个孩子的差异没有大到迥然不同。因为如果迥然不同，班级授课制就失去了意义，班级授课制的前提是认为孩子具有身心发展上的某种普遍性。我记得马萨诸塞州的卫斯里高中一名资深英语教师对学生发

①20世纪70年代，斯坦福大学在幼儿园进行的有关自制力的一系列心理学经典实验。

表的演讲中有这样几句话："这一切本应如此，因为，你们没有任何人是特别的，你并不特别，你并非与众不同；尽管你有U9足球奖杯、辉煌的七年级成绩单；尽管你确信世上必定有肥胖的紫色恐龙、亲切的罗杰斯先生（著名儿童电视节目主持人）和古怪的Sylvia阿姨；无论女蝙蝠侠曾奋不顾身地救过你多少次；你依然没什么特别。"①在我们现在崇尚个性的年代，这些话很值得每个教育者思考。

　　教育的工作就是研究人，而研究人的工作，需要我们不断反思，以真正促进孩子的发展和成长！我们研究的是儿童的问题。但我们其实真正希望的是，从儿童诞生的第一天起，我们就真正地尊重儿童，真正地坚持儿童无错论，真正地以身示范，真正地包容不足……那时，童年的密码就能次第展开，教育就会进入良性的循环之中。仰之弥高，其志愈坚！

---

① 美国高中毕业演讲红遍全球［EB/OL］.http://edu.sina.com.cn/en/2015–06–30/144490473.shtml.

参考文献

［1］边玉芳.读懂孩子：心理学家使用教子宝典（6–12岁）[M].北京：北京师范大学出版社，2014.

［2］曹锦清.黄河边的中国[M].上海：上海文艺出版社，2000.

［3］曹锦清.如何研究中国[M].上海：上海人民出版社，2010.

［4］陈鹤琴.儿童语言教育[M].陈秀云，柯小卫，选编.南京：南京师范大学出版社，2013.

［5］陈会昌.儿童社会性发展与教育[J].父母必读，1995（09）.

［6］陈立之.非语言沟通[M].南昌：江西人民出版社，2017.

［7］陈向明.质的研究方法与社会科学研究[M].北京：教育科学出版社，2000.

［8］成尚荣.从关注学生现实性走向开发可能性[J].人民教育，2010（04）.

［9］东东枪.文案的基本修养[M].北京：中信出版集团，2019.

［10］方明.陶行知教育名篇[M].北京：教育科学出版社，2005.

［11］高文.教学模式论[M].上海：上海教育出版社,2002.

［12］辜鸿铭.中国人的精神[M].上海：上海三联书店，2010.

［13］管建刚.一线带班[M].福州：福建教育出版社，2018.

［14］郭华.静悄悄的革命：日常教学生活的社会构建[M].北京：
北京师范大学出版社，2003.

［15］杭州市天长小学，杭州大学教育系综合实验组.整体优化教
育的理论与实践 [M].杭州：浙江教育出版社，1991.

［16］黄济.教育哲学通论[M].西安：山西教育出版社，2008.

［17］黄书祺.祺祺：那一曲青春的歌谣[M].杭州：杭州出版社，
2015.

［18］黄书祺.祺祺：一个孩子的童年故事[M].杭州：杭州出版
社，2012.

［19］蒋静雅.“动物学校”的启示[J].教育文汇.2008（11）.

［20］姜晓蓉.九莲小学有位妈妈每天给女儿做色香味俱全的早餐
[N]. 杭州：都市快报，2018-10-01.

［21］蒋军晶.一间教室竟可以如此光辉灿烂 [J].当代教育家，
2014（09）.

［22］姜晓蓉.杭州 6 岁大班女孩能写 800 字日记！还能轻松解
六年级数学题！ [N].都市快报，2017-09-11.

［23］金丹丹.抢跑小学一年级：心急妈妈押宝幼小衔接班 [N].
今日早报，2013-07-16.

［24］老极.别叫他宝贝，他是行者辛巴[M].合肥：安徽少年儿童

出版社，2018.

［25］老子.老子道德经[M].王弼，注.楼宇烈，校注.北京：中华书局，2011.

［26］雷通群.教育社会学[M].北京：东方出版社，2013.

［27］李剑平.浙江省教育厅厅长：要正确认识年轻一代教育对象[N].中国青年报.2020-01-18.

［28］李石华.吕静霞.我们的孩子缺什么[M].北京：中国言实出版社，2010.

［29］李镇西.做最好的班主任（修订本）[M].北京：文化艺术出版社,2010.

［30］梁建伟.小学用画画代替写作文长大成为知名插画师 [N]. 钱江晚报.2017-05-31.

［31］林清玄.盛开于繁花的季节[M].杭州：浙江文艺出版社，2019.

［32］刘良华.教育研究方法专题与案例[M].上海：华东师范大学出版社，2007.

［33］刘良华.叙事教育学[M].上海：华东师范大学出版社，2011.

［34］吕型伟.吕型伟从教七十年散记[M].上海：上海教育出版社，2004.

［35］吕型伟.吕型伟教育文集（第三卷）[M].上海：上海教育出版社，2007.

［36］吕型伟.教育事业·教育科学·教育艺术[M].北京：人民教育出版社，2011.

［37］木心.云雀叫了一整天[M].桂林：广西师范大学出版社，
2009.

［38］庞科军.爸爸在这里啊[N].今日早报，2013-10-23.

［39］马骉.认识你的学生：校长专业化治校的首要能力.https://
www.sohu.com/a/317193947_177272.

［40］美国高中毕业演讲红遍全球［EB/OL］.http://edu.sina.
com.cn/en/2015-06-30/144490473.shtml.

［41］庞丽娟.教师与儿童发展[M].北京：北京师范大学出版社，
2011.

［42］邱华国.学校变革关键词[M].北京：教育科学出版社，2016.

［43］三石.话语权：鲜活好用的对话进击方法[M].北京：中国致
公出版社，2018.20.

［44］陶行知.诗的学校：陶行知儿童文学选读[M].李燕，选编.南
京：东南大学出版社，2022.

［45］沈蒙和.全班95%孩子不认识白蜡烛，老师傻眼：课本落
伍了？[N].钱江晚报，2018-12-20.

［46］黄富峰.德育思维论[M].北京：人民出版社，2006.

［47］王晓春.给教师一件"新武器"[M].北京：中国轻工业出版
社，2009.

［48］王帅.国外高阶思维及其教学方式[J].上海教育科研，2011
（09）.

［49］武志红.愿你拥有被爱照亮的生命[M].北京：北京联合出版
公司，2015.

［50］辛岩．教育中的心理学：第十名现象 [J]. 河北师范大学学报，2016（05）.

［51］杨敏毅，谢晓敏.怎样读懂学生：心理特级教师的建议[M].北京：中国人民大学出版社，2014.

［52］余秋雨.中国文脉[M].武汉：长江文艺出版社，2012.

［53］袁卫星.做一个理想教师[M].上海：华东师范大学出版社，2015.

［54］袁振国.当代教育学[M].北京：教育科学出版社，2004.

［55］张万祥编.苏霍姆林斯基教育名言[M]. 天津：天津教育出版社，2008.

［56］张楚涵. 信手涂鸦泄露你的秘密[J].健康博览.2011（03）.

［57］张明红.学前儿童社会学习与发展核心经验[M].南京：南京师范大学出版社，2018.

［58］钟樱.创建一所有文化的新学校[M].北京：教育科学出版社，2016.

［59］朱永新.未来学校：重新定义教育[M].北京：中信出版集团，2019.

［60］阿尔伯特·班杜拉.社会学习理论[M].陈欣银，李伯黍，译.北京：中国人民大学出版社，2015.

［61］爱德华·霍尔.无声的语言.[M].何道宽，译.北京：北京大学出版社，2010.

［62］爱德华·休姆斯.美国最好的中学是怎样的[M].北京：中国青年出版社，2009.

［63］安德斯·艾利克森，罗伯特·普尔.刻意练习：如何从新手
　　　到大师[M].北京：机械工业出版社，2021.

［64］巴班斯基.论教学过程最优化[M].北京：教育科学出版社，
　　　2001.

［65］本杰明·布鲁姆等.教育目标分类学[M].罗黎辉，译.上海：
　　　华东师范大学出版社，1986.

［66］伯纳德·韦纳.归因动机论[M].周玉婷，译.北京：中国人民
　　　大学出版社，2020.

［67］查尔斯·赖特·米尔斯.社会学的想象力[M].陈强，张永
　　　强，译.北京：生活·读书·新知三联书店，2005.

［68］杜威.民主主义与教育[M].王承绪，译.北京：人民教育出版
　　　社，2001.

［69］海姆·G.吉诺特.孩子，把你的手给我2[M].许丹妮，译.北
　　　京：开明出版社，2024.

［70］简·尼尔森.正面管教（修订版）[M].北京：北京联合出版
　　　社，2016.

［71］杰西卡·米纳汗，南希·拉帕波特.破解问题学生的行为密码
　　　[M].北京：中国青年出版社，2014.

［72］纪伯伦.纪伯伦散文诗歌精选[M].边棣，译.武汉：湖北人民
　　　出版社，2020.

［73］卡洛琳·爱德华兹，莱拉·甘第尼，乔治·福尔曼.儿童的
　　　一百种语言：转型时期的瑞吉欧·艾米利亚经验[M].尹坚
　　　勤，王坚红，沈尹婧，译.南京：南京师范大学出版社，

2014.

［74］勒庞.乌合之众：大众心理研究[M].宇琦，译.长沙：河南文艺出版社，2011.

［75］理查德·怀斯曼,正能量[M].李磊，译.长沙：湖南文艺出版社，2012.

［76］罗宾德拉纳特·泰戈尔.飞鸟集[M].郑振铎，冰心，译.南京：译林出版社，2010.

［77］罗伯特·J.斯腾伯格.埃琳娜·L.格里戈连科.成功智力教学译[M].丁旭，盛群力，译.宁波：宁波出版社，2017.

［78］罗则·弗莱克·班格尔特.孩子的画告诉我们什么：儿童画与儿童心理解读[M].北京：北京师范大学出版社，2011.

［79］马克斯·范梅南.教学机智：教育智慧的意蕴[M].李树英，译.北京：教育科学出版社,2001.

［80］马赛厄斯·德普克，法布里奇奥·齐利博蒂.爱、金钱和孩子：育儿经济学[M].吴娴，鲁敏儿，译.上海：格致出版社，2019.

［81］马歇尔·卢森堡.非暴力沟通[M].阮胤华，译.北京：华夏出版社，2018.

［82］玛丽亚·蒙台梭利.童年的秘密[M].李依臻，译.昆明：云南人民出版社，2024.

［83］迈克尔·扬.把知识带回来[M].朱旭东，文雯，许甜等译.北京：教育科学出版社，2019.

［84］诺曼·布拉德伯恩，希摩·萨德曼，布莱恩·万辛克.问卷

设计手册[M].赵锋，译.重庆：重庆大学出版社，2011.

［85］萨利·施威茨.聪明的笨小孩[M].刘丽，康翠萍，等译.北京：北京师范大学出版社，2019.

［86］苏霍姆林斯基.给教师的建议 [M]. 杜殿坤，编译.北京：教育科学出版社，1984.

［87］苏霍姆林斯基选集（第2卷）[M].蔡汀，王义高，祖晶，主编.北京：教育科技出版社，2001.

［88］苏霍姆林斯基.给教师的建议[M].赵聪，译.长沙：湖南人民出版社，2021.

［89］泰戈尔.新月集：泰戈尔写给孩子的诗[M].徐翰林，译.哈尔滨：黑龙江美术出版社，2018.

［90］托尼·利特尔.聪明人的教育指南：伊顿公学校长谈教育[M].刘清山，译.北京：新华出版社，2016.

［91］威廉·维尔斯曼，袁振国.教育研究方法导论[M].北京：教育科学出版社，2003.

［92］维果茨基.维果茨基教育论著选[M].余震球，选译.北京：人民教育出版社，2005.

［93］维特根斯坦.维特根斯坦选读[M].陈嘉映，主编/主译.北京：商务印书馆，2023.

［94］小威廉.E·多尔.后现代课程观[M].王红宇，译.北京：教育科学出版社，2001.

［95］扬·索克尔.小哲学：如何思考普通的事物[M].何文忠，竺琦玫，译.北京：北京大学出版社，2018.

［96］约翰·B.比格斯.凯文·F.科利斯.学习质量评价：SOLO分类理论[M].高凌飚，张洪岩，主译.北京：人民教育出版社，2010.

［97］约翰·W.桑特洛克.毕业发展[M].上海：上海人民文学出版社，2009.

［98］朱迪斯·哈里斯.教养的迷思[M].张庆宗，译.上海：上海译文出版社，2015.

［99］Edward T. hall The Hidden Dimension[M]. New York: Anchor Books, 1988.

附录 1：与庞老师 [①]

庞老师，曾经是我的老师，现在也是。

他是一名出色的语文老师，他的出色，在于他教给我们的不仅仅是语文知识。

纠结这么久，终于下决心，用特殊的语言，描述这么一位特殊的老师，不管能够表达多少，都要以此来表达对庞老师从未说出的深深的敬爱，感激与钦佩。

——题记

人生总有那么多的巧合，因为"巧"，所以美好。

与庞老师的初次相遇，也算是巧合吧。

十岁那年，不经意地，报名访美游学。因为是学校组织的，

① 选自黄书祺《祺祺：那一曲青春的歌谣》[M]. 杭州：杭州出版社，2015. 作者黄书祺系杭州市天长小学 2012 届学生。

爸爸妈妈很支持。而看到带队的老师竟是两位含蓄的男老师时，妈妈不放心了。毕竟从一般的角度去思考，这两位老师不会那么细心、可靠———一位是副校长，一位是青涩的数学老师。

但是那十八天的旅程真的是一段充实、愉快、难忘的时光，尤其是与两位老师的结识。与庞老师的交流，让我完全见识了另一种风格的教育，那种放下老师的威严任凭学生"取笑"，充分尊重学生想法，不过多干涉的润物细无声的教导。十八天，没有父母的陪伴，庞老师的言行成为我们生活中最大的乐点，我们对其的加工成了旅行中欢声笑语的来源。坏坏的庞老师，他明知我是他下一个学年的准学生，还任凭我没大没小，不加以"管教"。直到最后踏上返程的航班时，他在飞机场悠悠地冒出一句："等我做了你的老师，得好好收拾你。"我自然不相信，觉得可能性太小了。而当这想象中1%的概率转化成开学后100%的事实时，我简直想一头撞死：庞老师一定会狠狠整我的！会的！一定会的！

开学第一天，我被迫胆战心惊地向新老师问好，却见庞老师推了推眼镜，满脸狡黠地朝我笑了笑，纠正道："要叫我庞老师，不要叫庞校长。"

开学后的第一个星期五，隔壁三班的三名同学来我们班做"好书推荐"的分享。其中一个女孩是和我同去美国的聒噪的"小喇叭"，经常和我一起对庞老师做恶作剧。此次好书分享，庞老师就在教室里候着，想必她此次凶多吉少了。

走进教室，她先是吃了一惊，然后满脸悲哀地看了我一眼。

　　"大家好！我是来自五三班的……"

　　"停！眼睛不要看地，要看着大家。重来！"庞老师打断她。

　　我说吧，折磨开始。

　　"大家好，我是来自五三班的林祉祎，我要推荐的书是《100个微型小说》……"

　　"停！小说用什么量词？'个'还是'篇'？"

　　"书上写的是'个'……"

　　"那就是书上写错了，重来！"

　　"我要和大家分享的好书是100篇……"

　　"我说的是重来，不是继续！"庞老师不紧不慢地说。

　　……

　　就这样，不断地被纠正，林祉祎耷拉着一张苦瓜脸怏怏地溜走了，三班其他几个同学窃喜着跑开。我看见庞老师微微笑了一下，然后又面无表情地扬长而去，心揪紧了：猎人连远处的松鼠都不放过。还会饶得了脚下的兔子吗？

　　我的末日不远了吧？

　　庞老师的"整"，看似轻描淡写，实则"心狠手辣"。

　　拿到我的一篇读后感征文，他瞄了两眼说："重写。"

　　我急了："为什么？"

　　"第一，抒情过多，书的内容描写过多，实质性的东西看不到。第二，举生活中的例子说明道理的写法值得提倡，可你把这件事刻意地往你想说的方向去靠，太牵强，太直白。真正的好文章是让别人来领悟的，不是自己空讲大道理。"

字字句句，点中要害。

我暗暗佩服庞老师"瞄了两眼"的威力。

我回家后，大改文章，然后参加读后感征文比赛，得了一等奖。

我去感谢庞老师，庞老师慢条斯理地吐出三个字："应该的。"

接着就是一天一篇的写作量，辛苦一小时，文章却经常被批得一无是处，当庞老师表扬谁谁谁作文写得很不错的时候，仿佛班里根本就没有我这个人。一个学期下来总算有些进步，又被戴上"八股文"的帽子。有时心里恨得痒痒，恨不得把作文本给撕了。可被庞老师这么整，我在写作上的进步飞速提升。到五年级下学期，我萌生了出书的念头，和庞老师商量，他说："大力支持。"于是我兴冲冲地构思起来。先想书名，把有意向采用的书名罗列在一张纸上，什么"太阳花开""泥融飞燕"……自我感觉都有点儿文采。把记录纸给庞老师看，他却不以为意："书名很要紧吗？我到时候会看的，你先回去吧。"

我愣在那里，心凉了半截。

第二天，我还在对庞老师的冷漠耿耿于怀呢，他竟破天荒和颜悦色地要和我"聊一下书的事情"。我看见他手中那张我的记录纸，心中一惊，原本只有稀稀拉拉几行字的纸上，现在是满页的红色！那密密麻麻的字里行间是庞老师对我的书的种种建议。毫不夸张地说，这些建议真的让我茅塞顿开。就连"不那么重要"的书名，庞老师也苦口婆心地对我说："书名最好不要太虚，清晰明了更好一些。"庞老师给我的建议是："《祺祺：一个孩子的童年故事》是否可考虑？"

这个书名，已有很多的人为之感动，更有很多的读者拍手叫好，因为它的亲切和实在。

而那张纸，仍被收藏在我的书柜里，那浓缩在一笔一画里的关爱，是值得珍藏的礼物。

在编写和整理书的时候，庞老师帮了我许多，让我觉得眼前朦胧的道路渐渐变得清晰敞亮——我正通向成功的彼岸。好几位老师、作家帮我写序，庞老师向我介绍的时候，他们的头衔总是有一大串的文字，让人眼花缭乱。我知道庞老师的头衔、荣誉也不少，可他的文章"祺人祺事"下只有短短的一行字：作者系杭州市天长小学副校长。

书出版以后，出版社邀请我和庞老师去浦江赠书，我把写好的演讲稿给庞老师"审阅"。自以为颇有文采的文章，自然又被庞老师大批特批："满文都是抒情！虚，不切实际！"批评后，庞老师又一点点告诉我，如何让演讲更生动，如何吸引大家的注意，如何把想表达的情感融入故事中。我重新写好演讲稿，问庞老师："我可以读吗？好像实在没有时间背出来。""读？当然不行。""啊？得背出来啊？"

"背，当然更不行。"

到底要求我怎么样呢？

"讲吧，给大家讲你生活中的故事吧。"他不再看我的稿子，只让我自己准备。

如果讲故事，那么演讲稿其实就不需要了。

赠书当天，我脱稿演讲，给大家讲了两个小故事。我没有太多的准备，却因为自然和亲切博得了全场的喝彩，台下有一位老师还听得湿了眼眶。

那天，庞老师"三千年"来头一次表扬我："庞老师发现你长大了。"他的表扬里居然带了那么浓的信任和疼爱，我真有一点点不适应。

六年级，出版社又组织我们到仙居贫困学校赠书。因为已经有过一次赠书的经历，被庞老师要求"计划、活动方案和演讲稿全部自己搞定"。终于安排妥当，却得知庞老师因为学校的重要活动不能一起前往。我本以为这样反而会减少一些压力，却未料失落感如排山倒海般涌来。上次去浦江，演讲、赠书，和学生座谈，庞老师仿佛没有帮助我做什么，可他从头到尾都在我身边。

凭着一股骨子里的冲劲，我又以自然的演讲获得了满堂彩。告诉庞老师赠书活动的成功，习以为常地等着他泼冷水，却没想到他在QQ上打来一行字："庞老师为你骄傲。"

小学毕业时，我做了一本影集，里面有我与庞老师的多张合照。一页页翻过去，回忆起往事，想念在万圣节扮成黑魔鬼和我一起跳江南Style的庞老师；想念在开学典礼上笑得傻傻的庞老师；想念在"六一"时和我们一起狂欢，一夜守着我们露营的庞老师；想念在小升初我最纠结的时候告诉我"你若盛开，清风自来"的庞老师；想念在QQ上一步步考验我，指点我怎么准备升学面谈的庞老师……

原来，被罚重写作文亦是一种幸运；

原来，被狠狠地"整"也是一种享受；

多么想，再听庞老师说一声"重写"，哪怕写得脑细胞耗尽，火冒三丈；

多么想，再被庞老师"修理"一次，哪怕被"整"得牙痒痒……

那些事，本就是幸福。

而有些事一旦远去，就不可追回，甚至可能不会在生命里有第二次。与庞老师相遇，是偶然。当偶然转化为必然，我只能感谢这美好的相识，带给我的成长，蜕变。留下幸福骄傲的回忆，在心中荡漾开去。

庞老师，想念您。

附录 2：给庞老师的信 [①]

庞老师：

您好，又是毕业季，作为您带出的第一个毕业班的学生，前几天看见天长90周年校庆，想来对您说一句谢谢。

感谢您在我小学四年级时引导我写作文，给我鼓励，让我拥有了健全的人格特别是自信心；感谢您在毕业档案里给予我肯定，因此我初中入学第一天就做了语文课代表，这使我的自信心又得到很大提升。我觉得初中前的教育对一个人的人格和三观的培养是非常关键的，可能对您来说这些只是教书育人中不经意的小事，但是我因此而变得越来越好。不过别误会，不是学习好，除了文科我数理化就是垫底的。往好了说，是慢慢因为自信成为一个快乐、积极和懂得感恩的人，我觉得这是很重要的，也是我对出生即将三个月的女儿的期望。

---

① 作者系 2000 届学生孙维清，这是作者夹在花束中的短信，题目为编者所加。

现在，作为家庭主妇的我没什么特别骄傲的，就写一封感谢信给您，肯定一下您的教育工作是成功的！

其实主要是没时间，我结婚定居在德国三年多啦（老公杭州人），也从没想过会在国外扎根，人生很奇妙！

最后认真地说一句：谢谢班主任庞老师，感恩遇见您！

祝：家庭幸福、身体健康，端午节快乐！

木场巷小学2000届六一班　孙维清

于德国魏尔

2017年5月

后　记

当在键盘上敲下这一行字的时候，江南春风，已绿钱江两岸。

我经常接触不同的家长，发现不同的教育理念会投射到不同的家庭，然后通过不同的孩子呈现出来。对于孩子身上的问题，家长一般都很着急地找办法，最好看谁有什么"绝招"。其实教育是持续发展的结果，有些方法，短时有效，长时无益处；有些方法，简单易行，但坚持不易。和家长的每一次聊天都能增进双方的思考。

这本书就是和大家聊天，并提供一点点思考。

我经常接触不同的孩子，孩子之间的差异是很大的，小学生受到环境的影响十分明显。只有不停地发现孩子，我们的教育才能跟上孩子成长的脚步。我经常观察孩子，也总会发现，原来孩子是这样看世界的，原来孩子是这样想问题的，然后不停地把一些小故事记录下来。

这本书记录的就是其中的一些小故事，和读者分享孩子们的世界。

我经常接触不同的老师，每位老师的教育方法是很不一样的，但毫无疑问，老师是值得全社会信任的群体。有的家长喜欢年轻老师，有些家长喜欢年长的老师，就个体而言，很难说哪一种一定好。教育是需要考虑概率的，从概率上说，孩子是需要接触不同的老师的，因为这意味着不同的尝试。年轻老师有热情，有时间，和孩子有更多的共同语言；年长老师有经验，有智慧，更容易营造稳定的环境。

这本书就记录了我在从年轻到年长的不同视角下一些孩子成长的片段。

特别感谢朱旭东教授，北京师范大学是所有老师心目中神圣的殿堂。朱老师曾多次到天长小学指导工作，作为一名全国知名的学者，朱老师与我们基层学校老师的交流既高屋建瓴又十分接地气，深受老师们的喜爱。这次朱老师在繁重的学术研究和行政公务中拨冗为本书作序，先生之风，让我深受感动！

特别感谢楼朝辉校长，我2007年到杭州市天长小学工作后，在楼朝辉校长的领导下工作十年，无论是做研究还是管理，多有受益。楼校长践行学术治校理念，站位很高，他很早就提出学校老师的图书出版计划，成就了天长的很多成果，这本书的出版也一样。

特别感谢施民贵特级教师，施民贵老师在教育生涯的最后一站选择了天长，不能不说是缘分。他退休后童心不减，用饱满的热情推广差异化教育成果，他的执着和帮助，一直激励我不敢懈怠。

特别感谢家人的支持。夫人是我师范学校的同学，她一直对我的生活照顾有加，并一直热情地鼓励我做好工作，这本书的背后，有一个忙碌工作和生活的身影。儿子进入高中以后，越发自觉，我们父子现在已很有默契。寒假的时候，我们在各自的书房奋笔疾书，常常是我去请他休息一下吃点水果，他也在中间休息时到我这里聊几句。这本书中，有很多我从孩子身上得到的体悟。孩子，也是父母的老师！

特别感谢我的学生们，是他们用五彩斑斓的童年，是他们用自己的成长，让我的教师生涯也变得更加丰富而有意义。

特别感谢杭州市木场巷小学、杭州市紫阳小学、杭州市教育科学研究所附属小学、杭州市上城区社区学院、杭州市天长小学的同事们，你们的智慧和付出，经常给予我很多启发和激励。

最后我要特别感谢浙江大学出版社，更要感谢本书的编辑，因为他们的付出，才使这本书来到您的面前。编辑默默替人做嫁衣。我们总说，老师是希望学生成长的人，那么，编辑是希望作者出好书的人。

娃娃坠地，莫问美丑。

简要记录一本书诞生的过程，也是一件美好的事情。

真诚感谢与您的相遇！敬请不吝赐教！

庞科军

于杭州初春二月

图书在版编目（CIP）数据

童年的自变量：一位小学教师的育人手记 / 庞科军
著 . -- 杭州 ：浙江大学出版社 ，2025. 4. -- ISBN 978-
7-308-26062-6

Ⅰ . G622.0

中国国家版本馆 CIP 数据核字第 2025NW9306 号

童年的自变量：一位小学教师的育人手记

庞科军　著

策划编辑	徐　婵
责任编辑	卢　川
责任校对	陈　欣
封面设计	VIOLET
出版发行	浙江大学出版社
	（杭州天目山路148号　邮政编码　310007）
	（网址：http://www.zjupress.com）
排　　版	浙江大千时代文化传媒有限公司
印　　刷	杭州钱江彩色印务有限公司
开　　本	880mm×1230mm　1/32
印　　张	9.625
字　　数	198千
版 印 次	2025年4月第1版　2025年4月第1次印刷
书　　号	ISBN978-7-308-26062-6
定　　价	58.00元